中华母教

常亚君　编著

中国文联出版社
http://www.clapnet.cn

图书在版编目（CIP）数据

中华母教 ／ 常亚君编著 . -- 北京：中国文联出版

社，2016.4（2024.6 重印）

ISBN 978 - 7 - 5190 - 1335 - 6

Ⅰ.①中… Ⅱ.①常… Ⅲ.①母亲—家庭教育 Ⅳ.

①G78

中国版本图书馆 CIP 数据核字（2016）第 073949 号

编　　著　常亚君
责任编辑　李　民　王柏松
责任校对　潘传兵
装帧设计　牛存喜

出版发行　中国文联出版社有限公司
地　　址　北京市朝阳区农展馆南里 10 号　　　　邮编　100125
电　　话　010 - 85923025（发行部）　　　　　85923091（总编室）
经　　销　全国新华书店等
印　　刷　三河市华东印刷有限公司

开　　本　710 毫米×1000 毫米　　1/16
印　　张　15.25
字　　数　204 千字
版　　次　2024 年 6 月第 1 版第 2 次印刷
定　　价　75.00 元

序 言

"人才兴、则民族兴；人才强、则民族强"，国民素质是一个国家、一个民族发展进步的基石，决定着国家民族的前途命运。教育是民族振兴、社会进步的基石，是提高国民素质、促进人的全面发展的根本途径，所以，"百年大计、教育为先"。

"教也者，长善而救其失者也"（《礼记·学记》）；"育，养子使作善也"（《说文解字》）。中国人的教育是"善"的教育，就是要培养"智""仁""勇"的周全人格。将"仁"作为主体，用"智"去实施它，再加上"勇"力，这样就集中了所有长处，十分完美了；如果不"仁"且无"智"，却勇武有力、果断敢为，就会像疯子握利剑一样，后果难测，何况，知识多不等于有智慧，学历高不等同修养高。

中国自古有重视教育的传统，《礼记·学记》曰："建国君民、教育为先"，《礼记·大学》云："自天子以至于庶人，壹是皆以修身为本"，"修身、齐家、治国、平天下"，在家、国、天下的关系中，家庭教育是第一位，因为人从一出生开始，首先面对的就是家庭关系，父母是孩子的第一任老师，父母习性与品德，影响着子女的一生。

从家庭建设的微观层面来看，由于女性特有的身心特点、生育和哺乳功能，决定了女性在增进家庭和睦、科学养育后代能够发挥出其他人或群体所无法比拟的"独特作用"，所以，中国古人云："妻贤夫祸少、妻贪夫招罪""闺闱乃圣贤所出之地，母教为天下太平之源"。"治国平天下之权，女人家操之大半，盖以母教为本也。"

这不仅仅是中国人的认识，也是世界共识。德国教育家福禄培尔说："国民的命运，与其说是操在掌权者手中，倒不如说是握在母亲的手中。"

苏联教育家克鲁普斯卡娅断言："如果你在家教育儿子，就是在教育公民了，如果你在家培养女儿，那就是在培养整个民族。"

英国著名政治家改革家和道德学家斯迈尔斯说："民族只不过是家庭、人民和母亲的最终结果而已。可以肯定的是，一个民族的品格，可以通过女人的教养和优雅而得以提升。"

由此可见，一个民族的兴衰，一个社会的和谐，母亲在其中能够起着多么大的作用。

中国的传统文化非常重视母教，中国的家庭教育从胎教开始，到"慎终追远"，贯穿了人的一生。据《礼记·保傅》篇记载，周文王的母亲太任品行端庄、德行高洁，严谨、庄重、诚敬，凡事合乎仁义道德才会去做。太任在怀文王时，非常注重胎教，目不视恶色，耳不听淫声，口不出敖言。太姜、太任、太姒合称"三太"，是为了纪念这三位伟大的女性以身作则，力行八德，成就了文王、武王和周公的圣德，周公被尊为儒学奠基人。后世以"太太"作为已婚女性的尊称，代表贤德直追"三太"。同样，至圣先师孔子与亚圣孟子的母亲，都是在丈夫去世后，家徒四壁，自己含辛茹苦，培养子女成为了圣人。周公、孔子与孟子三位圣人奠定了中华文明的根基，对中国、对世界文化都产生了极大的影响。

而这些圣人的母亲，在长期养育子女的过程中，积累了丰富的知识经验，她们的行为足可成为天下母亲的典范，供后世子孙效法。西汉刘向的《列女传》中，表彰贤母的德行："她们是女中圣贤、智者，言行举止中义合度，为人表率；还善于生养子孙，推行教化，以种种美德襄助儿孙建立功业……"

《中化母教》这本书是从历史文献选出110多位优秀母亲教育子女的案例整理而成，旨在传承中华文明向善的理念，"积善之家、必有余庆"，自强不息的精神，"仁、义、礼、智、信、勤、俭、廉"的优秀品德。

母亲的教育，关系着子女的素质，家庭的和谐，也影响着社会的发展，衷心希望有缘读到此书的读者，开卷有益，树立正见，涌现像孔母、孟母那样的圣贤母亲，为家庭、为社会培养出如孔子、孟子、范仲淹、林则徐那样的圣贤人，如此，则为民族之幸、国家之幸。

山东青州大福地指导老师　马均

目 录

目录

第一章

母教篇

一、母亲的职责

《动物世界》专题片中，看到有关母鹰养育小鹰的情景：母鹰在悬崖陡岩上筑巢，先用尖嘴衔着一些荆棘放置在底层，再叼来一些尖锐的小石子铺放在荆棘上面，然后又衔来一些枯草、羽毛或兽皮覆盖在小石子之上，做成一个能孵蛋的暖窝。小鹰孵化出生后，母鹰按时叼回来小虫、肉食细心地喂养和呵护小鹰。小鹰慢慢长大、羽毛渐丰，这时，母鹰认为该是小鹰学习飞翔本领的时候了。于是母鹰搅动窝巢，让巢上的枯草、羽毛掉落，而暴露出尖锐的小石子和荆棘。小鹰被刺痛得哇哇叫，可是母鹰仍无情地加以驱逐、挥赶，小鹰只好忍痛振起双翅，一次一次的试飞。小鹰在刚开始跌跌撞撞时，母鹰仍在旁看护它，直到小鹰能展翅高飞，离巢单飞。

母鹰残忍无情吗？不是。作为母鹰，深爱着小鹰。幼小无力自主时细心地喂养，呵护着小鹰的生命，但是，母鹰更明白，面对残酷的环境，小鹰必须学会生命的法则。因此母鹰必须教会小鹰生存的本领。显然，老鹰用这种破釜沉舟的方式逼着小鹰学会飞翔，目的绝不是将自己的孩子摔死，而是逼着小鹰飞离舒适的窝，学会了飞翔，直到能够独立。所以，作为小鹰的母亲，不仅孵化了小鹰的自然生命，还要教会小鹰如何生存，维持自己的生命。大自然的规律就是如此，每赋予一种生命同时，也赋予了这种生命的生存法则，只有掌握了生命才能延续。

人类的繁衍，生命的传承，是占人类一半的女性在承担生育工作，我们把这个角色称之为"母亲"。"母"，在《说文解字》里解释为：母者，牧也。牧是养牛人，用以比喻母亲哺乳子女。引申之，凡能生之，以启后者皆曰母。启后是指为后世子孙开辟生命的道路。所以，作为人类的母亲，不仅孕育了子女的生命，还要为后世子孙开辟生命的道路。

《内训》："训其子女，斯母仪之职也。"是故，母亲的重要职责就是教育子女。

生育子女不难，教育子女尤难。许多不懂事之人，无子求子，等到有了儿子，只知宝贵、溺爱，从而养成废器者多多。譬如种稻，只知求好种子，及其苗苗以后，则所有除莠、浇灌等手续，一概不用。其稻种虽好，还能希望它收获吗？故正确教育子女，这才是父母对子女的真爱。《女论语》说："不贤明的人，生下男孩不知道教以诗书，放任他耍乖弄巧、油嘴滑舌、争强好斗、喝酒取乐、唱歌跳舞、放纵淫欲、无视官府之法度，不理家庭之正务，不管赡养父母，不顾妻子和儿女的生活，最终成为一个废人。养育女儿不知道教育她礼仪、谦让，放纵其花言巧语，好胜争强，不尊敬父母长辈，不学习女红，不养成勤俭习惯。出嫁之后，自然不能遵守妇道，成为不孝的媳妇，不贤惠的妻子，那么就会导致他人讥笑自己的父母，让父母蒙羞，玷污了门庭，这都是由于母亲未能从小教育所导致的。这样的妇女，即使生育了子女，其养育方法其实和养猪、养鼠相同。母仪之道，很重要啊，不可不明白。"

中国历史上有无数的圣贤母亲，在长期养育子女的过程中，积累了丰富的知识经验，她们的行为足可成为天下母亲的典范，供后世子孙效法。西汉刘向的《列女传》中，表彰贤母的德行："她们是女中圣贤、智者，言行举止中义合度，为人表率；还善于生养子孙，推行教化，以种种美德襄助儿孙建立功业……"

二、传统母教的特点

（一）母教无专制，顺性而教

物有物性，人有人性。鹰有翅膀，能飞翔，母鹰是依据鹰的本性来教育小鹰。教育要依据受教育者的本性开展，否则就偏离了教育的规律。比如我们训练猪上树，猴子下海生活，鱼虾上岸行走，这是违背万物规律的事情。那么，人类的本性是什么？如果不明白人的本性而施教，是不是也在进行训练猪上树，猴子下海游泳，鱼虾上岸行走这样的糊涂事呢？

1. 人性本善

人被称为"万物之灵"，《周易》中阐明"人是天地之心，能与天地合德"，系统地提出"天、地、人"三才观。指出了人具备参、赞、继、开的德能，人是禀受了天地阴阳刚柔之性而形成的，人可以向天、地学习，发现天地运行规律，加以运用，并继承下来形成人道。

这种德能首先体现在对天地万物规律的发现和应用上，就是人类有发现力和创造力。古人根据天地万物变化规律发现了火，学会了修建房屋，创造了文字，发明了火药、指南针。直到今日，科学得到了飞跃的发展，有了核能、汽车、飞机、宇宙飞船等等，物质文明的发展达到了空前的地步，人类的发展历史充分证明了人类的这种能力。

然而，人的德能如果仅仅体现在对物质文明的发现和应用上，这是不够的，因为这种发现力和创造力使人类既具有造福人类和其他生命的能力，同时也具有作恶的能力，它可以摧毁人类生存的环境。所以，人的这种破坏力必须得到制约。人类作为异于其他生命的德能，就是人具备良心，具有是非善恶的辨别能力。人类具备良心的这种德能尤其重要。正是人类有良心，才能促使人类富于是非观念，从而促使他择善而行。

人类能够"择善而行"，这很重要，那么什么是"善"呢？

"善"，在《易经·系辞上》里解释："一阴一阳之谓道。继之者善也，成之者性也。"就是说：天地阴阳的运行变化称之为道，人能遵循天地阴阳变化之理，依照天地德性、人本身的德性去作为，便是善，而能够成就人们德业的，则是人具有的本性。

那么，人的本性是什么呢？在两千多年前的战国时期，著名的思想家、政治家、教育家孟子在《孟子·告子上》里，孟子阐述了人的本性是善的。

孟子有位弟子叫公都子，公都子说："告子说：'人性无所谓善不善。'又有人说：'人性可以使它善，也可以使它不善。所以周文王、周武王当朝，老百姓就善；周幽王、周厉王当朝，老百姓就横暴。'也有人说：'有的人本性善良，有的人本性不善。所以虽然有尧这样善良的人做天子却有象（舜的弟弟，名字叫象）这样不善的臣民；虽然有瞽瞍这样不善的父亲却有舜这样善的儿子；虽然有殷纣王这样不善的侄儿，并且做了天子，却也有微子启、王子比干这样善的长辈和贤臣。'如今老师说'人性本善'，那么他们都说错了吗？"

孟子说："从天生的性情来说，都可以使之善，这就是我说人性本善的意思。至于说有些人不善良，那不能归罪于天生的资质。同情心，人人都有；羞耻心，人人都有；恭敬心，人人都有；是非心，人人都有。同情心属于仁；羞耻心属于义；恭敬心属于礼；是非心属于智。这仁义礼智都不是由外在的因素加给我的，而是我本身固有的，只不过平时没有去想它因而不觉得罢了。所以说：'探求就可以得到，放弃便会失去。'人与人之间有相差一倍、五倍甚至无数倍的，正是由于没有充分发挥他们的天生资质的缘故。《诗经》说：'上天生育了人类，万事万物都有法则。老百姓掌握了这些法则，就会崇高美好的品德。'孔子说：'写这首诗的人真懂得道啊！有事物就一定有法则；老百姓掌握了这些法则，所以崇尚美好的品德。'"

《礼记·曲礼上》里讲："鹦鹉会学人说话，但始终是飞鸟；猩猩会学人说话，也始终属于禽兽。现在的人如果不受礼的规范，即使能说话，不也合了禽兽的心态吗？正因为禽兽不知礼仪，才会有父子共妻的现象。所以，圣人兴起，制定礼仪来教化人们，使人们有礼，从而懂得把自己与禽兽区别开来。"人性本善，人具备仁义礼智是人与动物的根本区别。正是人类本具的善，所以人类能够知道自己在做什么，并能作出审慎的选择。人类良心对罪恶的反抗，证明人类也能够是善良的。

2. 人皆可为尧舜

孟子阐述了人性本善，人与人之间的差距在于是否去探求、发掘本性。《易经·系辞上》："天地变化，圣人效之。"孟子把尧舜作为"至善"的代表，进一步指出圣人就是把自己光辉的性德发掘出来了。而且《孟子·告子》里孟子提出："圣人，与我同类者""人皆可为尧舜"。就是告诉我们人人都有尧舜一样成贤之性，人人都可以做尧舜那样的贤人。

孟子说"人皆可为尧舜"这话虽然不错，但并不是我们一出生就能达到这个境界。孔子曰："性相近也，习相远也。"又曰："惟上智与下愚不移。"人性是本善的，然而人却受长久的习性影响。以孟子的贤明，仍然随俗随教而移。所以，本性无差异，修习有顺逆。大多数人习于善则善，习于恶则恶。顺修则可为圣贤；逆修则可为桀纣，成圣成贤都是自己的事。而上智下愚，其人甚少。其不被善恶之所移者，殆百千万亿分中之一二耳。所以，孔孟之道非常注重人的教育和自我学习。

3. 教育就是长养人的善

"教育"一词，许慎在《说文解字》中解释，"教，上所施，下所效也。育，养子使作善也。"《礼记·学记》："教也者，长善而救其失者也。"所以，我们可以知道，教育就在于使受教育者回归本善，激发本来具足的德能，发挥自己的仁爱心、羞耻心、恭敬心、是非心，凡一切善心都能得到扩充、推广，并纠正自己的过失。

《礼记·大学》里开宗明义提出："大学之道，在明明德，在亲民，在止于至善。"上"明"字，即是克己省察之修德。下"明德"二字，即是自心本具之性德。欲明自心本具之明德，非从克己省察修持不可。接下来方可"在亲民，在止于至善"。亲民，即是各尽其分之意。止于至善，即是居心行事，自行化他，悉皆顺乎天理人情，不偏不倚之中道。就是孔子追求和践行的目标"随心所欲而不逾矩"，孟子的"大丈夫"。如果能这样做，为圣为贤，可以达到了，这是从古至今学习圣贤的标准法式。所以历代的老师都以此来启发我们，教导我们。而我们学习圣人典章、诗书礼仪，教育子孙后代就是在完成继往开来的责任，这是每个人的本分，也是每个父母的职责。

4. 母亲顺性而教

《内训·母仪章》里，"孔子曰：'女子者，言如男子之教，而长其义理者也。'是故无专制之义，所以为教不出闺门，以训其子者也。"如：依照顺从。男子，《孔子家语·本命》里讲："男子是担任天道，长生万物的人，知道什么事情可以做，什么事情不可以做；知道什么话可以说，什么话不可以说；知道什么道理可行，什么道理不可行。因此，男子详察人伦而明白其中的区别，这可谓是智慧，以显示他们的品德。"男子之教可以说是使男子成为担任天道，长生万物的人的圣贤之教。

这段话就是阐明母仪之教，就是作为母亲，并不是依据个人的主观意愿来教育子女，而是取法、顺从"男子之教"，就是使男子成为担任天道，长生万物的人的圣贤之教。开启子女的心智，使其明白人事伦理。其法施教令，不出于家庭就可以教育子女。圣贤母亲被尊称为"圣贤母亲"，是因为她们能够遵循圣贤之道，身体力行，并以此来教育子女，使其学圣学贤，成为圣贤，所以这种圣贤文化是我们共同的母亲。

（二）母仪早于父训

《易》曰："正其本而万物理，失之毫厘，差以千里，故君子慎始。"要正确认识其本源，才可能把事物治理得清楚、完善。开始一点微小的误差，结果就会造成很大的错误，所以君子一开始就要谨慎从事。人生也是如此，譬如一张素纸，画个如来，就是如来，画个乞丐，就是个乞丐。是故古人非常重视"慎始"。

"慎始"首先是母仪。凤凰诞生而有仁义的意义，虎狼出生而有贪戾之心，两者不相等的原因，都是因为他的母亲不同，是以《春秋》的开始，《诗》之《关雎》，《礼》之《冠婚》，《易》之《乾坤》，都讲慎重选择妻子，很注重母亲的品行。如果夫妻双方都是来自"孝悌"门风的家庭，那么无论是胎养、胎教，都将事半功倍；要是夫妻失和，自然就很难做到好的胎养、胎教了。所以古代非常重视子孙婚姻，必定选择孝悌传家、积德行善的家庭子女进行婚聘，这样的家庭，才能对子女有良好的教育。

"慎始"的第二步就是胎教。无论儒家还是传统医学都高度重视胎教的意义和作用。儒学经典里，《礼记·月令》《大戴礼记·保傅》，西汉贾谊撰写的《新书·胎教》，刘向的《列女传·母仪》，王充的《论衡·命义》，北齐颜之推的《颜氏家训·教子》，宋代朱熹的《朱子家训·立教》等典籍的记载及历代名母教子的案例；传统医学中，北齐徐之才的《逐月胎教法》，隋代巢元方的《诸病源候论》，唐代孙思邈的《千金方·养胎》，宋代陈自明的《妇人大全良方》等典籍，都阐明胎教的重要性和必要性。

汉代董仲舒在《春秋繁露·同类相助》中说："天有阴阳，人亦有阴阳。天地之阴气起，而人之阴气应之而起。人之阴气起，而天地之阴气亦应之。"又说："天亦有喜怒之气，哀乐之心，与人相副，以类合之，天人一也。"南宋医学家陈自明在《妇人大全良方》中讲："夫至精才化，一气方凝，始受胞胎，渐成形质，子在腹中，随母听闻。自妊娠之后，则须行坐端严，性情和悦，常处静室，多听美言，令人讲读诗书，陈礼说乐，耳不闻非言，目不观恶事，如此则生男女福寿敦厚，忠孝贤明。不然则男女既生，则多鄙贱不寿而愚，此所谓因外象而内感也。昔太任娠文王目不视恶色，耳不听恶声，口不谈恶言，世传胎教之道，是谓此也。"

古人认为，每个人是天地的产物，天地万物皆能互相感应。天地万物对胎儿身心发育有影响；同样，母亲是孕育胎儿的内外环境，"子在腹中，随母听闻"，胎儿在母腹内能够听到外面声音优或劣，感受外界事物善或恶，同时，母亲自身的身心健康以及起心动念对胎儿身心发育都有重要影响。怀孕的质量既和人与自然是否对应和谐有关，也与孕妇精神、性情是否良好、安宁有关。对应了和谐了，怀孕就得天地之气而阴阳调和。孕妇精神舒畅、性情安宁，即阴阳二气运动的作用在孕妇身上平衡、调和，达到怀孕期身心的最佳状态。对胎儿来说，是阴阳二气相交恰到好处，有利于胎儿身心发育协调、完美，达到胎气中和、精血合凝的最佳状态。胎儿会受到客观事物的影响，感善则善，感美则美，作为母亲要避免自然环境可能产生的负面影响，母亲应该修身，注意环境与自身起心动念对胎儿的胎教作用。

太任是中国胎教第一人，太姒也如此效法，生下了武王和周公，邑姜依此生下了成王，以及孔子、孟子的母亲，也都是很善于胎教。古人关于胎教的言论很重视，希望今天的我们都能够细细审查思维，遵循古训，生出贤明的子女。

"慎始"的第三步就是幼教。人都有认知能力，人的认知可以说起源于父母和家人，父母的习性、人生观、价值观、世界观对一个人的成长起着根本的作用。《论语·阳货》中说："子生三年，然后免于父母之怀。"孩子三岁之前非常幼小脆弱，容易受到伤害，需要父母亲时刻呵护着，特别是母亲。母亲一旦给孩子留下印象，就很难消失，特别是在幼儿时期这块"洁白的布料"上。"孩子是母亲的镜子"，在这三年之中，孩子在与母亲的朝夕相处中，观察并模仿她待人（己）接物时的言行举止，这是一种不言之教，对孩子一生才情气性的养成具有巨大的影响。所以人生禀母之气，视母之仪，比父亲为多。

《女范捷录·母仪篇》："父天母地，天施地生。骨气像父，性气像母。上古贤明之女有娠，胎教之方必慎。故母仪先于父训，慈教严于义方。"每个人都来源于天地，来源于父母，其中骨气像父，性气像母。上古贤明的母亲有了身孕，非常重视胎教，必然正心修身，以养胎儿之情性。所以母教先于父教，且母教要严格遵守教子正道。事实早已表明，孩子与母亲血肉相连，母亲对孩子的呵护备至远远胜过父亲，母亲的抚养是任何人包括父亲都无法取代的。有了贤惠的母亲，才能有良好的胎教和正确的教育之道，才有优秀的子孙后代，甚至历史上很多优秀人物都是在母亲教育下成就的，如孔子、孟子、陶侃、欧阳修、郑善果等等。

古人讲"三岁看大，七岁看老"，是指人格的形成期。今天的科学证明，孩子性格中的一部分是由他们从双亲那里物理地继承下来的遗传因子决定的。也就是说，孩子一出生就部分地继承了双亲的性格。而人格却是每个人的遗传性状与他对周围环境的反应相互作用形成的。人格在人生的各个阶段还会发生变化，但人格的定形是在五岁左右。在孩子的人格和气质形成的幼儿期，孩子所处环境的主要因素就是母亲的教育给他的影响，家庭环境中的母亲作为孩子的教育者来说，是没有人能够代替的。可见，中国传统文化已经形成了先进、系统、完善且具极强的可操作性的早教理念，中国传统的母教具备了非常系统全面的人生奠基性的教育。

（三）母教的终身性

中国古代教育，八岁进入小学，十五岁进入大学。小学阶段教之以洒扫、应对、进退之礼节，礼乐、射御、书数及文采；进入大学，学习明理、正心、修身、治人的道理。宋代教育家朱熹讲"学之大小、固有不同。然其为道，则一而已。是以方其幼也，不习之于小学，则无以收其放心、养其德性，而为大学之基本。及其长也，不进之于大学，则无以察其义理，措诸事业，而收小学之成功"。可以明了，古之教学，使学生明了"孝悌忠信、礼义廉耻"之人伦根本，配之于"格致诚正、修齐治平"的方法，从而达到圣贤之学。

然圣贤之学并非仅仅在学校教育阶段即可完成。孔子十五岁志于学，七十岁实现"随心所欲而不逾矩"；蘧伯玉行年五十，而知四十九年之非。《论语·泰伯》里，曾子临终前召集学生们说："看看我的脚，看看我的手！《诗经》中说：'战战兢兢，如临深渊，如履薄冰'，从今以后，我自知可以免了！你们要记住！"从圣贤的言行可知，修身是终身的事情，不到圣人地步，不到死是不能停止的。

母亲的教育是终身的。母教则从"胎教"就开始了，在子女出生后至八岁进入小学前都由母亲来完成，教孩子学走路，学说话，学吃饭的基本仪节，男女相处之道，教其识字识数，辨别方向，给孩子启蒙，都由母亲亲自训诲。孩子进入小学、大学之后，在读书向学的基础上，母亲配合老师进行孝、悌、忠、仁、义、礼、智、信、勤、俭、廉等品性方面的培养，从不会松懈对子女的监督和教育。若是女儿，除教之基本生存技能和家庭常务及如何为人妇、为人母外，也要教其经史诗书及其他于日后为人妇、为人母所需的德性、才艺。大学后，老师可以卸任了，母亲教育却不敢放松，待到子女长大成人，为人父母、为民官长之后，母亲也往往长相伴随，教子为善，诫子勤俭，终生不放弃言传身教的责任。可见母亲的作用是非常重要的，近代净土宗第十三祖师印光大师说："天下一大半操持在女性手里，家教尤为重要。"又说"家教之中，母教最要"。

（四）为人母必先修身正己

"教者必先正己"是古代家训的至理。教育很人性的一面，那就是言传身教，家长每一天的行为，都在起着教育的作用。"教，上所施，下所效也。"就是上面怎么做，下边怎么来。何谓"上"呢？对于子女来说，父母为上；父母怎么做，子女效仿。对于学习来说，师者为上，学生为下。《大学》讲："没有学习教养子女然后再出嫁的。"这是因为古代从天子开始一直到下面的老百姓，人人都要以修养自身为根本。教子以道，不是说为了子女成为大人，而给子女讲解大人之道。大学之道并不是男子的专利，对每位女性也是一样的，她们自身也在践行圣贤之学、大人之道，端正自己的心性，修养自身，成为女中圣贤，女中尧舜，并以此教育子女而已。

作为母亲，可谓施教的第一人，母亲的起心动念、言行举止对子女起着启蒙性的作用，是最根本的，所以母亲不可不修身正己。母亲的品德，重在安静纯正；母亲的言语，重在简要委婉；母亲的劳动，重在周到谨慎；母亲的容貌，重在脱俗文雅。古时称之为"四德"，即妇德、妇言、妇容、妇功。教育子女要从胎教开始，母亲的心是正是邪是对子女最大的感应，所以在怀孕期间要做到"寝不侧，坐不边，立不跸，不食邪味，割不正不食，席不正不坐"，不可"邪视""妄听""妄吃"，这一切都需要母亲修身方能实现，所以为人之母，先正己心，如此才能真正教育子女。若这个根本混乱了，而天下、国家、家族要治理好是不可能的。

三、女子教育尤为重要

天地有日月，万物有阴阳，人类有男女。天地万物，只有阴阳和合方能生成化育。人类也是如此，作为女性，对人类社会发展有着深重的影响。《史记·外戚世家》讲："自古以来，受天命创立帝业的君王，以及继承先帝正统、遵守先帝法度的国君，不仅仅是由于内在的品德美好，而且也得益于母党妻党等外戚的辅助。"

夏朝的兴起是因夏禹娶了涂山氏之女做妻子而生启，大禹十载治水，三过其家不入其门，涂山氏女教养儿子启成就令名，开创夏朝。商朝的兴起是因有娀氏的女儿简狄吞燕卵而生了商的始祖契，与商汤娶了有莘氏之女；简狄教导契"理顺之序"，前后被尧舜重用，他的后代汤创建了商朝；汤的妻子有莘氏女生下儿子仲任、外丙，不但教子有方，还协助丈夫成就王业。周朝的兴起是因为他的祖先娶了贤妃有郃氏的女儿姜嫄及闻名的"周室三母"；后稷的母亲姜嫄，"性清静专一，好种稼穑"，教给后稷种植桑麻五谷，周部族逐渐兴盛；"周室三母"太姜、太任、太姒，都是女中圣人。太姜生泰伯、仲雍、季历三圣人；太任生文王；太姒生武王、周公。此祖孙三代女圣人，皆能内助丈夫，善教子女，故能成周朝八百年之王业，为千古最盛之治，被刘向赞为母仪的最高典范。这些母后懂得把女性最好、最高、最伟大的德行发挥到淋漓尽致，演绎了人性至善的一面。

　　同样，与三代兴国贤母相对立是末代亡国的"女祸"，夏桀的灭亡是因娶了妹喜做妻子而昏乱；商纣的灭亡是因宠爱妲己而荒淫；而周幽的废黜，是因宠爱褒姒而失道。像夏桀后妹喜，商纣后妲己，西周幽王后褒姒，都被指控为以色惑主，毁乱纲纪，导致家坏国亡的"厉阶祸首"。春秋时晋献公夫人骊姬，蛊惑献公废世子申生，立自己亲生儿子奚齐，迫使诸公子流亡十九年，造成晋国政局长期动荡。这类导致乱政的母亲成为后代"女祸"的一面镜子。贵为王后、夫人，身为母亲，非但不被尊重，反招致指责詈骂，就是因为她们危及了家国安定，搅乱了男女有别的内外界隔。有鉴于此，后人对身为母亲介入外部公务的才华聪明不再过多赞扬，而更多注重家内的母职和德行。可见女性在社会治乱中的作用不可忽视。

　　俗话说，一个女人至少可以影响三代，确切的讲应是指"儿媳、妻子、母亲"的角色。作为儿媳，能够决定父母晚年的幸福，作为妻子影响丈夫的人生，作为母亲会把她的品德言行传给儿女乃至孙辈，让优秀的或者劣质的习气和家风得以延续。女人决定了上一代人的幸福，这一代人的快乐，下一代人的未来。所以说好女人对于一个家庭、一个家族，甚至国家来说，具有至关重要的意义。圣人所谓男正位乎外，女正位乎内。是知男女之身体既不同，而责任也有差异。正位乎内者，即实行相夫教子之事也。子女若皆成贤善，天下岂有不太平的道理？如果一味地令女人任男人之事，则女人教育子女的正位之事必然荒废。名虽为抬高女人的人格，实则为推倒女人的人格。《易·家人》："家人之道，利于女正。正家之道，先于正女，女正而家无不正矣。"家人这一卦的道理，是说妇女守正道就有利，所以在家庭里讲正道，首先要妇女守正道。妇女守正道，家庭里没有不守正道的。今日的女儿，他日的儿媳、妻子、母亲。女儿如果没有得到正确的教育，不但不能相夫教子，力行道义，而且将诱子为非，教其作恶。

古人有云："孝廉出于寒门，圣贤在于母教。观一君而知国运，观一人而知其家，观一母而知子之德行。"所以，如果母亲贤惠，所生儿女断然不至于不肖。近代净土宗第十三祖师印光大师说："教子为治国平天下之根本，而教女尤为重要也。以有贤女，方有贤妇贤母"，"盖以世少贤人，由于世少贤母。有贤女，则有贤妻贤母矣。有贤妻贤母，而其夫与子之不为贤人者，盖亦鲜矣。其有欲挽世道而正人心者，当致力于此焉"。

本书从古代文献记载中，选取了近一百三十多件古代母亲教育子女的事例，依据圣贤之道将其整理为母教篇、厚德篇、正心篇、勉学篇、敦伦篇、道德篇、慈继母、慈乳母八个章节，以展示古代母亲的教子风采，方便大家阅读。

第二章

厚德篇

第一节　厚德载物

人人都希望家道兴旺，一个家庭能不能兴旺，要看他有没有后继的人才，如果后继无人，这个家庭就衰亡了，所以家庭兴旺需要有贤孝子孙，那么贤孝子孙怎么来的？

世间万物运动变化和发展，都遵循其固有的规律。没有规律的物质运动是不存在的，没有规律的世界是不可思议的。在宇宙无量的规律中，因果定律是万物共同遵守的规律。"种瓜得瓜，种豆得豆""物有本末，事有终始"是对物质世界最形象的描述，就是种什么样的因，必会收获什么样的果，这是人力所无法改变的，也是不能被破坏的。佛家《缨络经·有行无行品》云："善有善报，恶有恶报。"《因果经》曰："欲知前世因，今生受者是。欲知来世界，今生作者是。"道家《感应篇》云："祸福无门，唯人自召。善恶之报，如影随形。"《易》曰："积善之家，必有余庆；积不善之家，必有余殃。"意思是积累善行、善德的家族，这个家族的福报不会断绝，家族的后代也会承受福报。常常做不善之事的家族，这个家族会经常发生灾祸，甚至连累后代。可见，因果是一切人、事、物的发展变化的根本法则。净土宗第十三祖师印光大师说："凡发科发甲，皆其祖父有大阴德。若无阴德，以人力而发，必有大祸在后，不如不发之为愈也。历观古今来大圣大贤之生，皆其祖父积德所致，大富大贵亦然。"这样的事例在中华五千年历史上举不胜数。

孔子年十七岁时，鲁国大夫孟釐生病将死，告诫自己的儿子说："孔丘是圣人的后代，他的祖先在宋国因受华氏之祸而灭败。他的祖先弗父何当初本来应做宋国国君，却辞让给他的弟弟厉公。到了正考父，他辅佐戴公、武公、宣公三朝，三次受命都更加恭敬，所以考父庙鼎的铭文说：'第一次受命时鞠躬致敬，第二次受命时腰折背躬，第三次受命时腰曲头俯，靠着墙行走，也没有人敢怠慢我。我用这鼎煮面糊，用这鼎熬稀粥，用以度日糊口。'他就是这样恭谨俭约。我听说圣人的后代，即使不为世所用，也必定有才德显达的人。现在孔丘年纪轻轻就博学好礼，大概是才德显达的人吧？我过世之后，你一定要拜他为师！"鲁国大夫孟釐根据孔子祖先的积德行为，可推知孔子必将成为才德显达的人，可见，家庭兴旺以及贤孝子孙皆是祖上积德所致。北宋政治家、史学家、文学家司马光说："积金遗于子孙，子孙未必能守；积书遗于子孙，子孙未必能读；不如积阴德于冥冥之中，此万世传家之宝训也。"

可见，要想子女贤德、善良，非积阴德阴功、利益他人利益众生不可。但是"阴德"二字包含广泛，成就他人子弟令入圣贤之域，故属阴德，成就自己子弟令入圣贤之域，亦是阴德。反之则误人子弟固损阴德，误己子女亦损阴德。是故，古往今来，大凡欲使家道昌盛，子孙贤孝者，皆从广积阴德，善教子女处入手，而善教子女是最大的积德。

附一：厚德四人

1. 弃母姜嫄

弃^①母姜嫄者，邰侯^②之女也。当尧之时，行见巨人迹^③，好而履之^④，归而有娠^⑤，浸^⑥以益大。心怪恶之，卜筮禋祀^⑦，以求无子。终生子，以为不祥，而弃之隘巷，牛羊避而不践。乃送之平林^⑧之中，后伐

---

① 弃：即周族始祖后稷之名。

② 邰侯：邰，音 tái，有邰氏部落首领。

③ 巨人迹：巨人的足迹。

④ 好而履之：觉得新奇好玩，就踩上去。

⑤ 有娠：怀孕。

⑥ 浸：逐渐，渐渐。

⑦ 禋祀：禋，音 yīn，古代一种祭祀，后泛指祭祀。

⑧ 平林：平原上的林木。

平林者咸荐^①之覆之。乃取置寒冰之上，飞鸟伛翼^②之。姜嫄以为异，乃收以归。因命曰弃。姜嫄之性，清静专一，好种稼穑^③。及弃长，而教之种树桑麻。弃之性明而仁，能育其教，卒致其名。尧使弃居稷官^④，更国邰地^⑤，遂封弃于邰，号曰后稷。及尧崩，舜即位，乃命之曰："弃！黎民阻饥^⑥，汝后稷，播时^⑦百谷。"其后世世居稷，至周文、武而兴为天子。君子谓姜嫄静而有化。《诗》云："赫赫姜嫄，其德不回，上帝是依。"又曰："思文后稷，克配彼天，立我烝民。"此之谓也。

颂曰：弃母姜嫄，清静专一。履迹而孕，惧弃于野。鸟兽覆翼，乃复收恤。卒为帝佐，母道既毕。（选自《列女传·母仪传》）

【译文】

弃的母亲姜嫄，是邰氏部落首领的女儿。在尧帝的时候，一天，她在路上看见巨人的脚印，觉得好奇就踩上去，回家后就怀孕了，肚子渐渐大起来。姜嫄觉得怪异，感到很厌恶，常去占卜祭祀，希望不要把孩子生下来。但最终生了个儿子，她觉得这个孩子不吉祥，就把他丢在了陋巷中，牛羊经过的时候都避开这个孩子不踩他。姜嫄把他丢弃到树林里，砍柴的人见到了，都给他铺盖，予以庇护。姜嫄又把他扔到寒冷的冰上，鸟儿飞过来用翅膀掩护他。姜嫄觉得这个孩子十分的奇特，就将他抱回去自己养，并因此给他取名叫"弃"。

姜嫄的性情清静专一，擅长农活。等弃长大之后，就教他种树、种植桑麻。弃生性聪明仁慈，能接受母亲的教诲，最终成就了他的名声。

---

① 荐：铺垫。覆：盖上。

② 伛翼：伛，音 yǔ。鸟用翅膀覆盖掩护。

③ 稼穑：播种与收获，泛指农业劳动。

④ 稷官：稷，音 jì。古代掌管农事的官员。

⑤ 国邰地：在邰地立国。

⑥ 黎民阻饥：百姓在挨饿。

⑦ 时：通"蒔"，音 shì，播种。

尧让弃担任掌管农事的官，又在邰地立国，封赏给他，他号称"后稷"。在尧死舜即位后，舜对他命令道："弃！百姓在挨饿，你是掌管农事的官，去种植各种谷物。"于是弃的后代子孙都承袭掌管农业的官职，到了周文王、武王的时候兴盛了起来，成为天子。君子认为姜嫄娴静又能教化人。《诗经》中说："姜嫄伟大，品德高尚，上帝眷顾她。"又说："后稷有文德，和上帝一样伟大，使百姓得到养育。"说的就是这个意思。

颂说：弃的母亲姜嫄，性情清净专一。踩踏巨人脚印而怀胎生子，因恐惧而将孩子遗弃荒野。然而鸟兽都来保护他，于是便将他抱回抚养。最终弃成为尧舜辅佐，姜嫄完成了母道的使命。

2. 契母简狄

契母简狄者，有娀①氏之长女也。当尧之时，与其妹娣②浴于玄丘之水。有玄鸟③衔卵，过而坠之，五色甚好。简狄与其妹娣竞往取之。简狄得而含之，误而吞之，遂生契焉。简狄性好人事之治，上知天文，乐于施惠。及契长，而教之理顺之序。契之性聪明而仁，能育其教，卒致其名。尧使为司徒④，封之于亳。及尧崩，舜即位，乃敕之曰："契！百姓不亲，五品⑤不逊，汝作司徒，而敬敷五教⑥，在宽。"其后世世居亳，至殷汤兴为天子。君子谓简狄仁而有礼。《诗》云："有娀方将，立子生商。"又曰："天命玄鸟，降而生商。"此之谓也。

颂曰：契母简狄，敦仁励翼。吞卵产子，遂自修饰。教以事理，推

① 有娀：娀，音 sōng。古部族名。
② 娣：音 dì，古代姐姐称妹妹。
③ 玄鸟：燕子。
④ 司徒：官名，掌管国家的土地和人民的教化。
⑤ 五品：五常，仁、义、礼、智、信。
⑥ 敬敷五教：敷，施行。五教，指父义、母慈、兄友、弟恭、子孝五种伦理道德的教育。

恩有德。契为帝辅，盖母有力。（选自《列女传·母仪传》）

【译文】

　　契的母亲简狄，是有娀氏的长女。在尧帝的时候，有一次简狄和妹娣在玄丘水中洗澡，有只燕子衔着蛋飞过，蛋掉在地上，这个蛋五彩斑斓非常美丽。简狄与妹娣争着去捡。简狄捡到了蛋含在嘴里，不小心吞了下去，不久她就生下了契。简狄喜欢过问人事，知晓天文，乐于布施恩惠。等契长大后，她教导儿子知晓事理，使他顺应于天地人伦的秩序。

　　契天性聪明仁慈，能够领悟母亲的教诲，最终名扬天下。尧让他担任司徒，将亳地封给他。尧帝去世后，舜即位，舜命令他说："契！百姓不亲近，五常不和顺，你作为司徒，要谨慎地实行五伦的教化，要宽容。"契的后代子孙都居住在亳地，到了殷汤时兴盛起来，成为天子。君子称赞简狄仁爱有礼。《诗经》中说："有娀之女正在壮年，生下儿子成为商的始祖。"又说："上天命令玄鸟降临，使得简狄生下商的始祖。"说的就是这个意思。

　　颂说：契的母亲简狄，努力修养仁爱端正之心。吞下鸟卵生下儿子，自己注重修养。教育儿子明事理，推行恩惠美德。契能成为天子辅佐，是母亲教育得力。

3. 周室三母

　　三母者，大姜①、大任、大姒。

　　大姜者，王季之母，有吕氏之女。大王娶以为妃。生泰伯、仲雍、王季。贞顺率导②，靡有过失。大王谋事迁徙，必与大姜。君子谓大姜广于德教。

　　大任者，文王之母，挚任氏中女③也。王季娶为妃。大任之性，端

---

　　① 大：同"太"，下同。

　　② 贞顺率导：贞顺，忠贞和顺。率导，以自身行为作为表率来训导别人。

　　③ 中女：次女。

一诚庄^①，惟德之行。及其有娠^②，目不视恶色，耳不听淫声，口不出敖言^③，能以胎教，溲于豕牢^④而生文王。文王生而明圣，大任教之，以一而识百，卒为周宗，君子谓大任为能胎教。古者妇人妊子，寝不侧，坐不边，立不跸^⑤，不食邪味，割^⑥不正不食，席不正不坐，目不视于邪色，耳不听于淫声，夜则令瞽诵诗，道正事。如此，则生子形容端正，才德必过人矣。故妊子之时，必慎所感，感于善则善，感于恶则恶。人生而肖^⑦万物者，皆其母感于物，故形音肖之。文王母可谓知肖化^⑧矣。

大姒者，武王之母，禹后有莘姒氏之女。仁而明道。文王嘉之，亲迎于渭，造舟为梁^⑨。及入，大姒思媚^⑩大姜、大任，旦夕勤劳，以进妇道。大姒号曰文母，文王治外，文母治内。大姒生十男：长伯邑考、次武王发、次周公旦、次管叔鲜、次蔡叔度、次曹叔振铎、次霍叔武、次成叔处、次康叔封、次聃季载。大姒教诲十子，自少及长，未尝见邪僻之事。及其长，文王继而教之，卒成武王、周公之德。君子谓大姒仁明而有德。《诗》曰："大邦有子，俔^⑪天之妹，文定厥祥，亲迎于渭，造舟为梁，不显其光。"又曰："大姒嗣徽^⑫音，则百斯男。"此之谓也。

颂曰：周室三母，大姜任姒。文武之兴，盖由斯起。大姒最贤，号

---

① 端一：庄重专一。诚庄：真诚严肃，诚实庄重。

② 娠：音 shēn，怀孕。

③ 敖言：敖，音 áo，傲慢的话。

④ 溲：音 sōu，大小便，特指小便。豕牢：豕，音 shǐ，本为猪圈，此特指厕所。

⑤ 跸：音 bì，站立不正。

⑥ 割：用刀分解牲畜的骨肉。

⑦ 肖：音 xiào，相似，像。

⑧ 肖化：古人谓胎儿在母体中受母亲的意念而转化。

⑨ 梁：桥梁、浮桥。

⑩ 媚：爱，喜欢。

⑪ 俔：音 qiàn，譬如，好比。

⑫ 徽：美好的，徽音，犹德音，指令闻美誉。

曰文母。三姑之德，亦甚大矣！（选自《列女传·母仪传·周室三母》）

【译文】

周室三母，指的是大姜、大任、大姒。

大姜是王季的母亲，有吕氏的女儿。周大王娶她为妃。她生下了泰伯、仲雍、王季三个儿子。她性情忠贞和顺，堪称表率，从没有犯过一丝差错。大王谋划迁徙之事都与他商量，君子称赞大姜广施德教。

大任是周文王的母亲，商朝贵族挚任氏的二女儿，王季娶为正妃。大任性情端庄专一，诚挚庄重，言行皆遵循德行。她怀孕后，不看邪恶的事物，不听淫邪的声音，不说傲慢的话，非常注意胎教。后来在厕所小便时生下了文王。文王姬昌生下来就明达圣哲，太任亲自教育姬昌，大任教他的东西都能够触类旁通，最终文王做了周朝的始祖，君子认为这是大任实施胎教的结果。古时候妇女怀孕后，睡的时候不侧着身子，坐的时候不偏不歪，站着的时候也不用一只脚站着。不吃有怪味的食物，食物切割得不方正不吃，席位不正的话就不坐，眼睛不看邪恶的事物，耳朵不听淫逸无礼的声音，晚上闭眼吟诵诗歌，讲述合乎道义之事。这样生下来的小孩，一定是形貌端正，才能过人。所以怀孕的时候，一定要谨慎自己感受到的，感受到美好的东西，生下的孩子就好，感受到邪恶的东西，生下的孩子就坏。小孩生下来之后像世间万物，是因为母亲感受到世间万物，所以孩子的形象、声音与事物相像。文王的母亲可以说是懂得这种胎教的道理。

大姒是武王的母亲，大禹后代有莘姒氏的女儿。她仁德且明理。文王赞美她，并亲自到渭河边上迎娶她，在河上搭起浮桥。大姒嫁入周室之后，她仰慕大姜、大任，早晚勤于劳作，以增进妇道。大姒号"文母"，文王处理国家政务，文母料理家中事务。大姒生了十个儿子，老大是伯邑考，以下依次是武王发、周公旦、管叔鲜、蔡叔度、曹叔振铎、霍叔武、成叔处、康叔封、聃季载。大姒悉心教诲十个儿子，他们从小到大，都没有做过邪恶的事情。等他们长大后，文王需继续教育他们，最终成就了武王、周公的德治。君子称赞大姒仁爱聪明，又有美德。《诗经》中说："大国有个女子，好似天仙，占卜显示吉祥，文王亲迎于渭水旁。造舟为桥梁，显示了光荣。"又说："大姒继承了美誉，绵延了子孙。"说的就是她。

颂说：周室的三位母亲，是大姜、大任和大姒。文王、武王兴起，是由此而来。大姒最贤明，被称作"文母"。三位母亲的德行，都是很伟大啊！

4. 莆田林氏

莆田林氏，先世①有老母好善，常作粉团施人，求取即与之，无倦色。一仙化为道人，每旦索食六七团。母日日与之，终三年如一日，乃知其诚也。因谓之曰："吾食汝三年粉团，何以报汝？府后有一地，葬之，子孙官爵，有一升麻子之数。"其子依所点葬之，初世即有九人登第，累代簪缨②甚盛，福建有"无林不开榜"之谣。（选自《了凡四训》）

【译文】

（明朝时）在福建省莆田县的林家，他们的祖先中，有一位老母喜欢做善事，时常做粉团布施给人吃。只要有人向她要，她就立刻给，没有一丝厌烦的样子。有一位仙人，变作道士，每天早晨向她讨六七个粉团。老母每天给他，三年如一日，仙人方知她做善事的诚心。于是就对她说："我吃了你三年的粉团，要怎样报答你呢？你家后面有一块地，若是你死后葬在这块地上，将来子孙有官爵的，就会像一升麻子那样的多。"老母去世后，儿子依照仙人指示的地方，把老母安葬下去。林家的子孙第一代发科甲的就有九人。后来世世代代，做大官的人非常多。因此，福建省竟有一句："如果没有姓林的人去赴考，就不能发榜"的传言，表示林家有功名的人很多。

① 先世：前代；祖先。
② 簪缨：古代达官贵人的冠饰。后遂借以指高官显宦。簪为文饰，缨为武饰。

第二节　慎于婚姻

一、婚姻的重要意义

夫妇关系是人道之中最重大的伦常关系。天下之人，上至国君、王侯将相，下至平民、贩夫走卒，无一不出于夫妇之手，人间各种事态、各种变化的根源，都从家庭开始。有了夫妇，才有了子女，从而形成父子关系，有父子便有了君臣之道，逐渐完成五伦的礼统。男女结为夫妇，实属人道五伦之首。《礼记》中"男女有别，长幼有序"，就是不同的身份，便有各自要遵循的礼仪规范，如此人人才能相互恭敬，各项事业才能相安无事，和谐共处。夫妇和谐，上可孝敬父母、祭祀祖先，下可教子、传承家道。可见夫妇结合乃人间大道，不可不慎。过去夏、商、周的圣明君王，一定要敬重自己的妻儿，这里面是有道理的。妻子是照料家族血亲的主妇，儿子是家族血亲的后代，怎么可以不敬重呢？而夫妇之道始于婚姻，由此可知，男女婚姻是天地间非常重要的事情。所以《易经》以《乾》《坤》两卦为基础，《诗经》开始于歌颂后妃之德的《关雎》，《书经》赞美尧把女儿下嫁给舜，《春秋》讥讽娶妻不亲自迎娶的失礼行为。礼法用于婚姻，是因为对待婚姻要小心谨慎，而夫妇是一切万物的根本，怎能不慎重呢？

二、婚姻当重德行

天下父母心，大都是一样的。男孩一出生，父母就希望他将来能找到好的妻室；女孩一出生，父母就希望她将来能找到一个好的婆家。圣人爱自己的女儿，情感与常人是一样的。孔子提到公冶长，说可将女子托付给他。虽然受到牢狱之灾，但他并没有罪过，于是孔子将女儿嫁给他。孔子评价南容：国家道义盛行，南容的才能可以为国家所用，国家无道义，他行事谨慎，可以免于刑戮之祸，于是孔子将兄长的女儿嫁给他。孔子选择女婿，不过问对方是否富有，田宅是否广大，也不过问地位是否高贵显赫。孔子看中公冶长，只因他品行纯正，没有罪过；孔子相中南容，只因他谨言慎行；两者皆以品德为首选，其他都不考虑。孔母与孔子的办法，堪称后世万代人择婿（或择偶）的准则。

北宋司马光说："大凡两家商议婚姻，应当先观察女婿和女子的性情，品行是否相符，以及各家的规矩如何，不要一味地追求富贵人家。如果女婿真的很贤良，虽然现在显得贫穷，身份低贱，谁知将来不会发达富贵呢？如果为人品行不端，现在虽然很富贵，谁知会不会将来落魄贫贱呢？娶什么样的妇人，关系到整个家族的兴盛或衰败。如果只图眼前一时的富贵娶进门，仗着娘家的富贵，很少有妇人不轻视自己的丈夫，对公婆傲慢无礼的，进而养成骄慢，好嫉妒的性情，将来给家人带来的祸患，哪里有穷尽呢？假使一个男子要靠妻子的钱财来致富，依附妻的势力取得权贵，哪还有什么大丈夫的气概与志向，怎能不愧对己灵，及列祖列宗呢？"

男女婚姻必须慎重选择，观古人之兴衰，可以警醒后人。无论男女双方都要以品德为首选，坚守正道，不贪图对方的地位、财产和姿色，这样的婚姻，才能传承家道，福泽子孙。

附二：婚姻四人

1. 孔母徵在

孔子父叔梁纥，丧妻，欲再娶。母颜氏之父，言于家曰："孔叔梁，老丑而武勇，欲再娶。人无妻之者，奈何？"其少女徵在曰："吾闻孔氏圣王之裔，其后必昌。妻之何伤？"父曰："然则以汝妻之，可也。"遂以之嫁叔梁。恐其老无子，乃祷于尼丘山神，而生仲尼焉。（选自《女

范捷录·智慧篇笺注》)

【译文】

孔子的父亲叔梁纥，妻子去世了，希望再娶。孔母颜氏的父亲就对三个女儿说："孔叔梁，年龄有点大，丑陋，且武力绝伦，希望再娶。人都没有嫁给他的，怎么办？"小女儿徵在上前回答说："我听说他是先圣王后裔，他的后世子孙必然昌盛。嫁给他有什么关系呢？"父亲听了，说："那么就把你嫁给他，你能行。"于是就将小女儿徵在嫁给了叔梁纥。孔母颜氏担心叔梁纥年老无子，就向尼丘山神祈祷，而后生下了孔子仲尼。

2. 杜有道妻

杜有道妻严氏，字宪，京兆人也，贞淑有识量。年十三，适于杜氏，十八而嫠居①。子植、女韡②并孤藐③，宪虽少，誓不改节，抚育二子，教以礼度，植遂显名于时。韡亦有淑德，傅玄求为继室，宪便许之。时玄与何晏、邓扬不穆④，晏等每欲害之，时人莫肯共婚⑤。及宪许玄，内外以为忧惧。或曰："何、邓执权，必为玄害，亦由排山压卵，以汤沃雪耳，奈何与之为亲？"宪曰："尔知其一，不知其他。晏等骄移，必当自败，司马太傅兽睡⑥耳，吾恐卵破雪销，行自有在。"遂与玄为婚。晏等寻亦为宣帝所诛。植后为南安太守。

植从兄预为秦州刺史，被诬，征还，宪与预书戒之曰："谚云忍辱至三公。卿今可谓辱矣，能忍之，公是卿坐。"预后果为仪同三司。

---

① 嫠居：寡居。嫠，音 lí，寡妇。

② 韡：音 wěi。

③ 孤藐：音 gū miǎo，幼弱的孤儿。

④ 穆：通"睦"，和睦。

⑤ 共婚：假设的原始乱婚，在那里一个社会集团的一切女人同属一切男人。

⑥ 兽睡：比喻暗中蓄谋，待机而动。

玄前妻子咸年六岁，尝随其继母省^①宪，谓咸曰："汝千里驹也，必当远至。"以其妹之女妻之，咸后亦有名于海内。其知人之鉴如此，年六十六卒。（选自《晋书·列传第六十六》）

【译文】

（晋朝时期）杜有道妻严氏，字宪，京兆人，为人贞洁淑善，有见识度量。十三岁时，嫁给杜有道，十八岁就丧夫守寡。儿子杜植、女儿杜韡都很小就成了孤儿，严宪虽然年轻，但是发誓不再嫁，她抚育两个子女，用礼法教育他们，杜植于是闻名当时。杜韡也有贤德，傅玄请求娶杜韡为继室，严宪马上就答应了。当时傅玄和何晏、邓扬不和，何晏等人经常想害他，当时人不愿意和他通婚。到了严宪答应傅玄后，家族内外都担忧害怕。有人说："何、邓掌权，一定成为傅玄的祸患，就好比推倒山压碎鸟蛋，用热水浇灌到雪地上一样，为什么要和他做亲戚？"严宪说："你只知其一，不知其二。何晏等人骄慢奢侈，必将毁了自己，司马太傅正在待机行事而已，我恐怕卵破雪消后，平安无事。"于是把女儿嫁给了傅玄，何晏等人不久被司马懿诛杀。杜植后来做了南安太守。

杜植的堂兄杜预做秦州刺史，被诬陷，征召回京，严宪写信给杜预告诫他说："谚语说忍辱能做到三公。你现在可以说是受辱了，能忍耐，三公是你的位置。"杜预后来果然做了仪同三司。傅玄前妻生的儿子傅咸年仅六岁，曾经跟他继母看望严宪，严宪对傅咸说："你是一匹千里马，最终会有高远的志向和成就。"把她妹妹的女儿嫁给他。傅咸后来也名闻海内。她知人的鉴识如此，六十六岁时去世。

---

① 省：看望父母、尊亲。

3. 晋羊叔姬

　　叔姬者，羊舌子之妻也，叔向[①]、叔鱼之母也，一姓杨氏。叔向欲娶于申公巫臣氏，夏姬[②]之女，美而有色。叔姬不欲娶其族。叔向曰："吾母之族，贵而无庶，吾惩舅氏矣。"叔姬曰："子灵之妻杀三夫、一君、一子，而亡一国、两卿矣。尔不惩此，而反惩吾族，何也？且吾闻之，有奇福者，必有奇祸；有甚美者，必有甚恶。今是郑穆少妃姚子之子，子貉之妹也。子貉早死无后，而天钟美于是，将必以是大有败也。昔有仍氏生女，发黑而甚美，光可监[③]人，名曰玄妻[④]。乐正夔娶之，生伯封。宕[⑤]有豕心，贪惏[⑥]毋期，忿戾无厌[⑦]，谓之封豕[⑧]。有穷后羿灭之，夔是用不祀。且三代之亡，及恭太子之废，皆是物也。汝何以为哉？夫有尤物[⑨]足以移人[⑩]，苟非德义，则必有祸也。"叔向惧而不敢娶，平公强使娶之，生杨食我，食我号曰伯硕。伯硕生时，侍者谒之叔姬曰："长姒产男。"

---

　　① 叔向：复姓羊舌，名肸（音 xī），字叔向，又称叔肸、杨肸。春秋时期荀国绛州王守庄人，王守庄俗称羊舌村。晋国大夫，生卒年不详，历事晋悼公、晋平公、晋昭公三世。

　　② 夏姬：春秋时期郑国公主。夏姬是郑穆公的女儿，母亲为少妃姚子。史载她三次成为王后，先后七次嫁给别人为夫人，共有九个男人因为她而死，号称"杀三夫一君一子，亡一国两卿"。详见刘向《列女传·孽嬖传·陈女夏姬》。

　　③ 监：音 jiàn，照视。

　　④ 玄妻：夏朝人，先为乐正后夔妻，继为后羿强霸。为报国恨家仇而与寒浞结合，杀死后羿，为寒浞生浇、二子，后以病终。

　　⑤ 宕：音 dàng，放纵，放荡。

　　⑥ 贪惏：音 tān lín，贪婪，不知足。

　　⑦ 忿戾：音 fèn lì，蛮横无理，动辄发怒。厌：满足。

　　⑧ 封豕：大猪。

　　⑨ 尤物：指绝色的人物。有时含有贬意。杨伯峻注："尤物，指特美之女。"

　　⑩ 移人：使人迷失本性，丧失理智。

叔姬往视之，及堂，闻其号也而还，曰："豺狼之声也。狼子野心，今将灭羊舌氏者，必是子也。"遂不肯见。及长，与祁胜为乱，晋人杀食我，羊舌氏由是遂灭。君子谓叔姬为能推类。（选自《列女传·仁智传》）

【译文】

晋羊叔姬，是羊舌子的妻子，叔向、叔鱼的母亲，一说姓杨。叔向想要娶申公巫臣和夏姬的女儿，她很美貌。叔姬却不想让儿子娶那个家族的人。叔向说："我母亲的族人，出生高贵但是没有庶出的，我要以舅家女儿不易生育作为鉴戒了。"叔姬说道："巫臣的妻子已经杀了三个丈夫，一个是君主，一个是儿子，而且使得一个国家灭亡，害死了两个大臣。你不以此为鉴，反而要以我的族人为鉴，是为什么呢？况且我听说，有奇福的人必有奇祸；特别美丽的人必有特别丑恶之处。你看中的人是郑穆少妃姚子的女儿，子貉的妹妹。子貉死得早，没有后代，上天将美丽集中在她的身上，将来必然引来祸患。曾经有仍氏生了一个女儿，她头发乌黑，极其美丽，光彩照人，名叫玄妻。乐正夔娶了她，生下了伯封。伯封放荡，心智跟野猪一样，他贪婪无度，蛮横暴躁，别人都叫他大野猪。有穷后羿将他灭了，乐正夔因此得不到后代祭祀。而且夏商周三朝之所以灭亡，还有太子申被废，都是因为贪恋美色的缘故，你为何不引以为鉴呢？有了美丽的东西后就能动摇人心，如果不是有德之人，一定会引发祸端的。"叔向害怕了，不敢娶那个女孩，晋平公强迫叔向将她娶了回去，并生下了杨食我，号称伯硕。伯硕出生的时候，侍者拜见叔姬说："姐姐生了个男孩。"叔姬过去，才走到堂屋，听到婴儿的哭啼声就往回走，说道："这哭声像豺狼一样！他是狼子野心，今后灭掉羊舌氏一族的一定是这个孩子。"于是她再也不肯见这个小孩。等到伯硕长大后，他与祁胜一起作乱，被晋国人杀死，羊舌氏一族由此灭绝。君子称赞叔姬能够推断事理。

4. 彭陈辞姻

明彭鹤祯妻陈氏，番禺^①人也，蚤^②寡。抚孤守节，教子以义方^③，故其子亦贤能而尚德行。有巨商欲以数千金，纳其子为婿，陈氏辞之。或劝曰："与为婿，当久享丰厚，孰若^④恒居俭约耶？"陈氏曰："骤得财者不祥，且娶妇应论德，奚以财为？"终力拒之。（选自《德育课本》）

【译文】

明朝，彭鹤祯的妻子陈氏，是番禺人，很早就守寡了。她抚养孤儿，守着贞节，教育儿子遵守法度。所以她的儿子很贤明，而且崇尚德行。当时有个大商人想用几千两银子，招她的儿子去做女婿，陈氏推辞了。有人劝她说："你把儿子给富商做女婿，就可以长久享受富足，怎么比得上长期处于贫穷的境地？"陈氏说："骤然得到意外之财，不是吉祥的事，并且娶媳妇应当论德行，哪里可以论财富呢？"最终竭力拒绝了富商。

① 番禺：音 pān yú，县名，位于广东省东南部。

② 蚤：通"早"。

③ 义方：指行事应遵守的规矩法度。

④ 孰若：犹何如，怎么比得上，表示反诘语气。

第三章

正心篇

古文"正"，上下结构，上面是符号"一"，表示方向、目标；下面是"足"，足亦止也，本义：不偏斜，平正。意思是向这个方向或目标不偏不斜地走去。对于人事而言，合于法则，合乎道义的为"正"。所谓"正心"，就是使人心归向于正。为人母者，先正己心。母使子生，就是要子女的生命合于生命法则，合乎天地人伦道义。就是要明白作为人，生命的价值是什么？应该教育子女成为怎样的人？应该教给子女什么？

正确人生志向

人皆可为尧舜，尧舜与桀跖（夏桀和柳下跖的并称，泛指凶恶残暴的人），君子与小人是一种本性。人们可以凭借这些本性和资质去做尧、舜那样的贤君，可以凭借它去做桀、跖那样的恶人。其不能为尧舜，乃不立志之所致也。无志，则不生惭愧，安于凡愚，不能发惭愧心，发希圣希贤之心，致本具之明明德，皆被彼障蔽而不得显现。清代理学家陆陇其《松阳讲义》：大抵人之气禀虽有不同，然亦差不多；只是从小便习坏了。气禀不好的，固愈习愈坏，即气禀好的，亦同归于坏。童蒙之时，根脚既不曾正得，到得长大时，便如性成一般，即能回头改悔，发愤自新，也费尽气力；况改悔发愤者甚少，此人才所以日衰，皆由蒙养之道失也。后世为父兄者，有弟子而不教，固然不必讨论；即有能教的，又都从利禄起见，束发（15岁至20岁）受书，即便以利禄诱之，不期其为大圣大贤，而但愿其享高官厚禄；这个念头横于胸中，念头既差，功夫必不能精实，只求掩饰于外，可以悦人而已。教学如此，人才安得而不坏哉。为人父兄者，胡不一思，而甘使子弟为俗人也。

作为母亲，为子女正心，首先要树立子女立志圣贤的人生目标。如果人生方向错了，再多的勤奋与努力也只能是离真相越来越远。即使子女具备了大量的知识、技能和经验，但由于没有正确的人生方向，很容易成为随波逐流的人，甚至危害社会的人。

正确的教育

　　教育又是一种思维的传授，人们在生活中形成了人生观、世界观、价值观，这决定着人们人生道路的方向，对待生活的态度，实践活动的行为。每个人都认为自己是对的，但凡事都应该有它的规则，不能以个人的知见为依据，否则天下大乱。教育当以最客观、最公正的意识思维教化于人，如此，人的思维才不至于过于偏差，并由此形成了正确的人生观、世界观、价值观，指导自己的人生。如果施教者心中都不知道标准，那教育一定不会是圆满的；假如他知道善的标准，就能够把握住每一个教育的机会。对人而言，道德就是准则，圣人，是道德的极点，是做人的最高典范。树立子女立志圣贤的人生目标，并不是说子女就是圣贤了，父母还需要正确教育子女。而教育子女，当从根本上入手，所谓根本，就是敦行伦常，修养道德。子女得到正确的教育，则可继往圣，开来学，济国安邦，为善人们；反之，失其教育，缺乏德行而单纯追求知识，人就会像离群的"游骑"，迷失方向，而找不到归宿，上根之人不能超群拔萃，作一碌碌庸人，甚或为非作恶，或陷于乱臣贼子之列而不自知。这就是教育的根本所在，为人母者不可不知。

自强教育

　　《周易》："天行健，君子以自强不息。地势坤，君子以厚德载物。"天的运动刚健、运转不息，大地的气势厚实和顺，君子应当取法天地运转不息之象，顺应这种规律自我力求进步，应不断进德修业，发奋图强，自强不息，不到圣贤地步永不停息；孔子说："笃行信道，自强不息。"就是教育子女自强自立，自我振作，独立完成人生的目标。

人生世间，很多事需要集众人力量来完成，但并不意味着要完全依赖他人，包括父母。任何一个母亲都不可能包办子女的一生，子女终究要离开家庭的呵护，走进社会，去面对自己的人生。人的成长过程，就是一个不断提高自立能力的过程，也是我们心理和道德品质锻炼的过程。经过自立这个过程，才能成为一个对自己、对他人、对社会负责的人。自立是生存的开始，是成功的保证。子女果然能自强不息，则一生入圣贤之域不远了。作为母亲，从小就要培养子女自立、自强的能力，从学会走路开始，吃饭、穿衣，自主地学习知识、技能，自谋生存，靠自己的双手去开创属于自己的事业，完善自己的人格，早点扔掉"依赖他人的妄想"，确立自信、自强、自立的决心。

附三：正心三人

1. 袁母正心（二则）

予与二弟侍[①]吾母。予辈不自知其非己出也，新衣初试，旋或污毁，吾母夜缝而密浣[②]之，不使吾父知也。正食[③]既饱，复索杂食[④]，吾母量授而撙节[⑤]之，不拂[⑥]亦不恣[⑦]也。坐立言笑，必教以正[⑧]，吾辈幼而知礼也。（选自《庭帏杂录·袁衷[⑨]》）

---

① 侍：在尊长旁边陪着，引申为服侍、侍奉。

② 浣：音 huàn，洗涤。

③ 正食：正餐，意指一日三餐。

④ 杂食：零食，一日三餐饭食以外的零星的食品。

⑤ 撙节：抑制，节制。

⑥ 拂：违背，不顺。

⑦ 恣：放纵，无节制。

⑧ 正：合于法则。

⑨ 《庭帏杂录》是明朝袁了凡及袁衷、袁襄、袁裳、袁衮诸兄弟对母亲教育的记录，以下同上。

【译文】

我和二弟袁襄侍奉母亲。我们俩不知道自己不是李氏亲生的。刚穿上新衣服，很快就弄脏撕破，母亲就在夜晚缝补好并悄悄洗净，不让我的父亲知道。正食已经吃饱，我们又索要零食。母亲则酌量且节制地给一些，既不拂逆也不放纵。坐立言笑，母亲一定教导我们合于法则，所以我们自幼就知道礼节。

吾祖^①怡杏翁，置房于亭桥^②西浒^③间，父遗命授余。母告曰："房之西，王鸾之屋也。当时鸾初造楼，而邑丞^④倪玑严行火巷^⑤之例，法应毁。汝父怜之，毁己之房以代彼，但就倪批一官帖以明疆界而已。汝体父此意，则一切邻居皆当爱恤，皆当屈己伸人。尝记汝父有言：'君子当容人，毋为人所容；宁人负我，毋我负人。'倘万分一为人所容，又万分一我或负人，岂惟有愧于父兄，实亦惭负天地，不可为人也。"（选自《庭帏杂录·袁衮》）

【译文】

我祖父怡杏翁，在亭桥西岸上建房，父亲袁仁留下遗嘱把房子给我。母亲告诉说："房的西面，是王鸾的房屋。当时王鸾刚建楼，县丞倪玑严格执行修一条火巷的条例，按规定应拆毁。你父亲怜悯他，拆毁自家的房屋来代替王鸾的楼房。只是让倪玑批一房契，来明确疆界而已。你要体会父亲的用意，是一切邻居都应当爱恤，都应当委屈自己帮助别

① 吾祖：是指袁了凡祖父袁祥，字文瑞，别号怡杏（1448—1504）。

② 亭桥：是指加建亭廊的桥，可供游人遮阳避雨，又增加桥的形体变化，称为亭桥或廊桥。

③ 浒：水边，指离水稍远的岸上平地，地名用字。

④ 邑丞：指县丞。

⑤ 火巷：是古时南方普遍使用的街巷通名，宋金交兵时创于南宋，既为防火而设，也方便作战用兵。

人。曾经记得你父亲说'君子应当包容人，不要被别人所包容；宁愿他人辜负我，不要我们辜负他人。'倘若万分之一被他人所包容，又万分之一我或辜负于人，难道只有愧于父兄，实际上也惭愧辜负天地，不可以这样做人啊！"

2. 陆续之母

陆续母，治家有法，续为太守尹兴门下掾①。时楚王英谋反，事连续，诣②洛阳诏狱。续母自吴达洛阳，无缘见续，但作食馈之。续对食，悲泣不自胜。使者问故，续曰："母来不得相见耳。"问："何以知之？"续曰："此食，母所馈③也。吾母切肉未尝不方，断④葱以寸为度，是以知之。"使者以闻，特赦之。

吕氏曰："人未有心正而事邪者，亦未有事慎而心苟⑤者。陆母葱肉两事，而平生之端方，言动之敬慎，可类推矣。吾取为妇女法。"（选自《闺范》）

【译文】

东汉时，陆续的母亲，治家有法度。陆续为太守尹兴手下的一名小吏。当时楚王刘英阴谋造反，事情败露后也连累了陆续，上面下令将他抓到洛阳关在狱中。陆续的母亲从江南的吴国不远千里赶到洛阳，却没有机会见到儿子，只好做了一桌饭菜使人送进去给儿子。陆续见了这餐饭悲伤痛苦不止。送饭的人问陆续为何伤心？陆续说："我母亲来看我，母子却不能相见啊！"送饭的人问："你怎么知道的？"陆续说："这餐饭是我母亲亲手做的。我母亲切的肉从没有不方方正正的，切的葱都是一

---

① 掾：音 yuàn，原为佐助的意思，后为副官佐或官署属员的通称。

② 诣：到，古时特指到尊长那里去。

③ 馈：送。

④ 断：切。

⑤ 苟：不合正义的。

寸长，所以我知道母亲来了。"使者听了这番话，也受到了感动，将此事上报朝廷，朝廷便特赦了陆续。

吕坤说：人不会有心正而做邪事的，也不会有做事谨慎而心术不正的。陆续的母亲切葱、切肉都有法度，因而可以推断出她平生正派，言行恭敬而又谨慎，我取这故事让妇女们效法她。

3. 徐嘉贤妻

徐嘉贤妻刘，嘉贤，天津人；刘，桐城人。嘉贤少从军河南，尝单骑入贼垒^①，拔^②陷贼妇女数百人出，旋卒。刘贫，辄数日不举火^③，严督其子读。族有为令者^④招使往，刘曰："今不自立，而讬^⑤于人，惧吾子之不振^⑥也！"谢不往。(选自《清史稿·列传二百九十六》)

【译文】

清朝，徐嘉贤的妻子姓刘，嘉贤是天津人；刘氏是桐城人。嘉贤年少时在河南从军，曾经一个人进入贼寇的营中，救出陷入贼营的几百名妇女，不久去世了。刘氏家里贫寒，经常数日不烧火做饭，严厉监督她的儿子读书。族里面有做官的，召唤她前去，刘氏说："现在不能够自立，而依赖于别人，恐怕我的儿子将来不能够振作啊。"于是向对方致谢而没有前往。

① 贼垒：贼寇的营垒。
② 拔：夺取军事上的据点。
③ 举火：生火做饭。
④ 为令者：一方父母官。
⑤ 讬：寄也，依靠；同"托"。
⑥ 振：振作；奋起。

第四章

勉学篇

第一节　劝子为学

立下圣贤志向，必须学习，圣人也是如此。子曰："我非生而知之者，好古，敏以求之者也。"孔子否认自己是生而知之者，说自己爱好古代的典章制度和文献图书，而且勤奋刻苦学习成就，也以此教人，这是千古不变的道理。所以，善为父母者必然劝子进学。父母生养子女却不教育他们，是不爱其子也。虽教育却不严格，也是不爱其子也。所以父母生养子女就要教育他们，教育就要严格，严格必然勤勉，勤则必成。学，则庶人可为圣贤；不学，则圣贤之资也为庶人。

附四：劝学七人

1. 孟母断织

孟子之少也，既①学而归，孟母方绩②，问曰："学何所至矣？"孟子曰："自若③也。"孟母以刀断其织。孟子惧而问其故。孟母曰："子之废学，若吾断斯织也。夫君子学以立名，问则广知，是以居则安宁，动则远害。今而废之，是不免于厮役④，而无以离于祸患也。何以异于织绩而食，中道⑤废而不为，宁能衣其夫子⑥，而长不乏粮食哉？女则废其所食，男则堕于修德，不为窃盗，则为虏⑦役矣。"孟子惧，旦夕勤学不息，师

---

① 既：已经。

② 绩：把麻纤维披开再连续起来搓成线，这里指织布。

③ 自若：一如既往，依然如故。

④ 厮役：做杂事供人驱使的奴仆。

⑤ 中道：半道。

⑥ 夫子：丈夫和孩子。

⑦ 虏：奴隶。

事子思，遂成天下之名儒。君子谓孟母知为人母之道^①矣。（选自《列女传·母仪传·邹孟轲母》）

【译文】

（战国时期）孟子年少时，求学归来，孟母正在纺线，就问他："你学习得怎么样了?"孟子回答道："还和以前一样。"孟母用刀割断了织机上的丝线。孟子恐惧地问母亲原因。孟母说："你荒废学业，就好像我割断丝线一样。君子努力学习后才能扬名，好问才能增长知识，因此才得以安宁居住，行为远离祸害。现在你荒废了学业，将来免不了要给别人当奴仆，也没有办法远离祸患。这与靠纺麻织布生活有什么不同？要是做到一半就停下来不做，怎能给她的丈夫儿子衣服穿，长期下来又怎会不缺粮食呢？妇女若是废弃了她的生存技艺，男子若是懈怠于品德的修养，他们不是成为强盗，就是沦为奴仆。"孟子很害怕，从此之后每天都勤奋学习，不知停歇。他拜师于子思的门人，终于成为闻名天下的儒学大家。君子称赞孟母深知为母之道。

2. 谧婶惭泣

皇甫谧，字士安，幼名静，安定朝那人，汉太尉嵩之曾孙也。出^②后叔父，徙居新安。年二十，不好学，游荡无度，或以为痴。尝得瓜果，辄进所后叔母任氏。任氏曰："《孝经》云：'三牲之养，犹为不孝。'汝今年余二十，目不存教，心不入道，无以慰我。"因叹曰："昔孟母三徙以成仁，曾父烹豕以存教，岂我居不卜^③邻，教有所阙^④，何尔鲁钝之甚也！修身笃学，自汝得之，于我何有！"因对之流涕。谧乃感激^⑤，就乡人席

---

① 道：法则、方法。

② 出：过继。

③ 卜：选择。

④ 阙：缺点。

⑤ 感激：对于施恩者怀有热烈友好的感情，促使人去报答恩情。

坦受书，勤力不怠。居贫，躬^①自稼穑，带经而农、遂博综^②典籍百家之言。沈静寡欲，始有高尚之志，以著述为务，自号玄晏先生。著《礼乐》《圣真》之论。(选自《晋书·皇甫谧传》)

【译文】

西晋皇甫谧，字士安，幼名黄甫静，是安定朝那(今甘肃省平凉市灵台县)人，汉代太尉皇甫嵩的曾孙。过继后跟着叔父，迁居到新安(今河南省新安县)。二十岁还不好学，东游西荡没有节度，或认为他是愚痴。曾经得到瓜果，便送给后叔母任氏。任氏说："《孝经》上说:'即使用三牲奉养，仍然是不孝。'你现在二十多岁，目不存教育，心不纳道义，没有什么能安慰我。"于是感叹道:"昔日孟母三次迁居使孟子成仁，曾参的父亲杀猪以行教诲，究竟是我居住时没有选择好邻居，还是教育缺少方法呢?为什么你愚钝得这么厉害?修身重学业，是你自己得到好处，对我有什么呢?"因而对着他流泪。皇甫谧于是感动激愤，到同乡人席坦那读书，勤奋不怠。家中贫穷，亲自耕种，带着经书务农，于是博通典籍和百家之言。皇甫谧沉稳闲静清心寡欲，开始有了高尚之志，以著书立说为务，自号为玄晏先生，著有《礼乐》《圣真》论。

3. 欧母教子

修^③不幸，生四岁而孤。太夫人^④守节自誓，居穷，自力于衣食，以长以教，俾至于成人。太夫人告之曰:"汝父为吏，廉而好施与，喜

---

① 躬:亲自。

② 综:通晓。

③ 修:欧阳修，(1007—1072)，字永叔，号醉翁、六一居士，汉族，吉州永丰(今江西省吉安市永丰县)人，北宋政治家、文学家。因吉州原属庐陵郡，以"庐陵欧阳修"自居。官至翰林学士、枢密副使、参知政事，谥号文忠，世称欧阳文忠公。累赠太师、楚国公。后人又将其与韩愈、柳宗元和苏轼合称"千古文章四大家"。与韩愈、柳宗元、苏轼、苏洵、苏辙、王安石、曾巩被世人称为"唐宋散文八大家"。

④ 太夫人:对母亲的尊称。

宾客，其俸禄虽薄，常不使有馀，曰：'毋以是为我累。'故其亡也，无一瓦之覆、一垄之植以庇而为生，吾何恃而能自守耶？吾于汝父，知其一二，以有待于汝也。自吾为汝家妇，不及事吾姑，然知汝父之能养也[1]。汝孤而幼，吾不能知汝之必有立，然知汝父之必将有后也。吾之始归也，汝父免于母丧方逾年。岁时祭祀，则必涕泣曰：'祭而丰，不如养之薄也。'间御酒食，则又涕泣曰：'昔常不足，而今有馀，其何及也！'吾始一二见之，以为新免于丧适然耳。既而其后常然，至其终身未尝不然。吾虽不及事姑，而以此知汝父之能养也。汝父为吏，尝夜烛治官书[2]，屡废而叹。吾问之，则曰：'此死狱也，我求其生不得耳。'吾曰：'生可求乎？'曰：'求其生而不得，则死者与我皆无恨也，矧[3]求而有得耶？以其有得，则知不求而死者有恨也。夫常求其生，犹失之死，而也常求其死也。'回顾乳者抱汝而立于旁，因指而叹曰：'术者谓我岁行在戌将死，使其言然，吾不及见儿之立也，后当以我语告之。'其平居教他子弟，常用此语，吾早熟焉，故能详也。其施于外事，吾不能知；其居于家，无所矜饰，而所为如此，是真发于中者邪！呜呼！其心厚于仁者耶！此吾知汝父之必将有后也，汝其勉之。夫养不必丰，要于孝；利虽不得博于物，要其心之厚于仁，吾不能教汝，此汝父之志也。"修泣而志之不敢忘。（选自《泷冈阡表》）

【译文】

修很不幸，生下来四岁，父亲就去世了，太夫人发了誓愿守节，家境贫寒，以自己的力量谋取衣食，扶养我，教育我，使我长大成人。太夫人告诫我说："你的父亲做官，清廉而喜欢布施别人，又喜爱招待宾客。他的俸禄虽然微薄，常常不使有剩余。他说：'不要因为金钱连累了我的清白！'所以他去世后，没有一片瓦盖的房子，没有一亩可以耕种

---

① 姑：丈夫的母亲，即婆母。养：侍奉。谓以饮食供养父母。

② 治官书：审理官府的文书。

③ 矧：音 shěn，况且。

的土地能让你赖以生活，我依靠什么能自守呢？我对你的父亲，大概能知道一二，所以对你有所期待。自从我嫁到你家做媳妇，没有来得及侍奉婆婆，但知道你父亲是很孝顺地供养老人的。你幼年丧父，我不知道你一定会有所成就，但知道你父亲一定有后代。我开始到你家的时候，你父亲服满祖母的丧才过了一年，逢年过节祭祀祖先的时候，必然哭泣说：'祭祀即使很丰盛，也比不上活着时薄薄地奉养！' 有时他自己吃着酒食，则又哭泣说：'从前常嫌酒食不够，现在有余了，但来不及供养母亲了！' 我开始见到一两次，以为他是才满了丧服，偶然有所感罢了。但后来他经常是这样，终身没有不如此的。我虽然来不及侍奉婆婆，从这些事知道你父亲是孝顺供养祖母的。你父亲做官，经常在夜里点着蜡烛，审理刑事案卷，屡次放下案卷，长长的叹息。我问起原因，他说：'这是要判死刑的案卷，我为他求一条生路而办不到！' 我说：'生路可以求吗？'他说：'尽量为犯人求生路而办不到，那么死者和我都没有遗恨，何况求生路能得到的呢？根据那些有求而救活一个人的案件，就知道不去求生路而死者会有遗恨。就这样经常求生路，仍然有失误会处死刑，而世上人常常希望这些人死去。' 回头看乳娘抱着你站在一旁，因而指着你叹息说：'占卦的人说我在有戌的年岁将会死去。如果他的话是真的，我就见不到儿子长大成才了，以后应当把我的话告诉儿子！' 他平时在家教育子弟，常常说起此话，我听熟了，所以能详细地说给你听。他在外面办事，我不知道。在家中的时候，没有一点矜持掩饰，而所以这样，是真正地发于内心的！唉！他的心地厚道而注重仁义方面，这就是我知道你父亲必定有后代的原因，你应当自己勉励才对。供养长辈不在于丰厚，关键在于孝顺；利益虽然不能普及于万物，关键在于心地厚道内存仁义，我不能教导你，这是你父亲的志向。"修哭泣着，牢牢记住，永不敢忘。

4. 袁母劝学（二则）

遗书^①二万余卷。父临没，命检其重者分赐侄辈，余系收藏付余。母指遗书泣告曰："吾不及事汝祖，然见汝父，博极群书，犹手不释卷。汝若受书而不能读，则为罪人矣。"予因取遗籍恣观之，虽不能尽解，而涉猎^②广记，则自早岁然矣。（选自《庭帏杂录·袁表》）

【译文】

家里的藏书有两万多卷，父亲临终前，命挑选出重复的书送给侄辈，剩余的全部由我收藏。母亲指着家里的藏书，流着泪告诉我说："我没有来得及侍奉你的祖父，然而看见你父亲，博览群书，依然手不释卷。你若接受了书而不能读，就是罪人了。"我于是取父亲留下来的书尽情地阅读，虽然不能全部理解，只是粗略广泛地阅读记忆，从早年就是这样做的。

四兄补邑弟子^③，母语余曰："汝兄弟二人譬犹一体。兄读书有成而弟不逮。岂惟弟有愧色，即兄之心当亦歉然也，愿汝常念此，努力进修。读书未熟，虽倦不敢息。作文未工^④，虽钝不敢限，百倍加工^⑤何远不到。"（选自《庭帏杂录·袁衮》）

【译文】

四兄为县学学生，母亲对我说："你兄弟二人犹如一体，兄长读书有成而弟不及，难道仅弟弟有愧色，就是兄长的心里也当有歉疚，希望你常想到这点，努力进德修业。书没有读熟，即使困倦也不敢休息。文章写得不好，即使愚钝也不能停止。须知百倍努力，何远不到。"

---

① 遗书：指前人的藏书。也指前人的遗著、遗作。

② 涉猎：广泛粗略地阅读。

③ 邑弟子：就是县学的学生。

④ 工：细致，精巧。

⑤ 加工：谓多花工夫使制品更加完美，这里是努力专研的意思。

5. 赵武孟母

赵武孟初以驰骋田猎①为事。尝获肥鲜以遗母，母泣曰："汝不读书而田猎，如是吾无望矣！"竟不食其膳。武孟感激勤学，遂博通经史，举进士，官至右台侍御史。（选自《续世说》）

【译文】

（唐代）赵武孟少年的时候喜欢打猎。有一次捕获了一些又肥又鲜的猎物献给母亲，母亲不但没有高兴，反而哭泣着说："你不读书却驰射狩猎，如果这样下去我是没有希望了！"竟然不吃他捕获的猎物。武孟深受感动，勤学苦读，终于博通经史，考中进士，官拜右台侍御史。

6. 寇母训子

寇莱公②少时，不修小节，颇爱飞鹰走狗③。太夫人④性严，尝不胜怒，举秤锤⑤投之，中足流血，由是折节⑥从学。及贵，母已亡，每扪其痕⑦，辄哭。（选自司马光《涑水记闻卷七·秤锤投足》）

【译文】

北宋寇准年幼时，不重视小节，非常喜爱飞鹰及猎狗。他的母亲性格严厉，有一次，母亲怒火难遏，拿起秤砣就扔了过去，秤砣砸在了寇准的脚上，顿时鲜血直流。经此番母训后，寇准幡然悔悟，开始发奋读书。后来寇准做到宰相，这时他的母亲已经去世，每当他抚摸脚上的疤痕，就想到母亲的教诲，禁不住潸然泪下。

---

① 田猎：打猎。

② 寇莱公：寇准，北宋政治家、诗人。封莱国公。

③ 飞鹰走狗：指尚武好猎的豪纵生活。飞鹰走狗都是打猎的助手。

④ 太夫人：叙述者称呼寇准的母亲。

⑤ 秤锤：杆秤的秤砣。

⑥ 折节：改变原来的行为志向。

⑦ 扪：抚摸。痕：被秤砣砸伤留下的疤痕。

7. 郑母劝学

壬辰春，书贩至，有礼书数种，急欲购读，议价三金矣，计无所措，舍之。以告母，母曰："彼能欠乎？"对曰："虽春放夏收，然尔时终无出。"母曰："但尔时收，我珥金环易一足酬之，其一仍可化双珥也。"珍于是得读数种。后母遍翻聂氏图^①，曰："我不谓一小环换得若干礼器。"

母曰："我一年每日三炊，每夜两緌^②，薅^③插时常在菜林中，收簸^④时常在糠洞中。终日零零碎碎，忙得不了，头不暇梳，衣不暇补，方挪得尔去读书，尔想此一本书，是我多少汗换出来？尔焉得不发愤？"（选自清代《郑珍^⑤文集·母教录》）

【译文】

清朝壬辰年（1832年，时郑珍27岁）的春天，有书贩子来卖书。其中有《礼》书数种，郑珍急欲购读，讲好三两银子的书价，但钱却无法筹集，只好放弃。郑母知道这事后说："他能欠账吗？"郑珍说："卖书的虽然春天卖书夏天收账，但到时我们仍然没有钱呀。"郑母说："只要到那时收，将我的耳饰金环卖一只就足够书账了，另外的一只耳饰仍然可以加工变成两小只。"于是，郑珍得到了这几种书。后来，郑母遍翻聂崇义《三礼》上的礼器图，笑着说："没想到我一只小耳饰，竟然换得这么多礼器。"

---

① 聂氏图：指聂崇义的《三礼》，书上画的众多礼器图。

② 緌：音 suì，纺车上的收丝器具。把丝收在纺车的收丝器上。

③ 薅：音 hāo，拔除田草。

④ 簸：扬糠除秽、清理垃圾的器具，用竹篾、柳条或铁皮制成，三面有边沿，一面敞口。

⑤ 郑珍：（1806—1864）清代官员、学者。字子尹，晚号柴翁，贵州遵义人。学宗许郑，治经学、小学，亦工书善画，是晚清宋诗派作家，与独山莫友芝并称"西南巨儒"。所著有《仪礼私笺》《说文逸字》《说文新附考》《巢经巢经说》《郑学录》等。

郑母说："我一年中每天做三餐饭，每夜纺两团线，除草工具时常放在菜林中，收籤时常在糠洞中。每天零零碎碎的事，忙得不了，头发也顾不上梳理，衣服破了也顾不上补，这样才能供你去读书，你想这一本书，是我多少汗水才能换出来的？你怎么能不发愤读书？"

第二节　学为修德

《礼记·大学》开篇："大学之道，在明明德，在亲民，在止于至善。"教育是让人通过学习圣贤典籍，明了大人之学，构建"止于至善"的人生目标。儒家以《诗》《书》《礼》《乐》《易》《春秋》等六艺为法式，古之学者以之为准则，成为修身、齐家、治国、平天下的主要内容和标准。

"自天子以至于庶人，壹是皆以修身为本。"然人皆由身和心构成，心是身体的主人，身体为心所用。人知道用一日三餐来滋养身体，用衣物袜履来保护身体，用车宅床椅来安放身体，用珠宝玉石来装饰身体，用针灸药石治疗身体，甚至用棺木装裹埋葬尸体，却不知心为何物？不知净化心灵，不知心安何处？本末倒置，岂不糊涂？《孟子·告子》里，孟子曰："仁是人的本心；义是人的大道。放弃了大道不走，失去了本心而不知道寻求，真是悲哀啊！有的人，鸡狗丢失了倒晓得赶紧去找回来，本心失去了却不晓得去寻求。学问之道没有别的什么，不过就是把那失去了的本心找回来罢了。"仁爱心、羞耻心、恭敬心、是非心都是我们本来具足的，探求就可以得到，放弃便会失去。孟子所说的"学问"，是指做人的学问。做人的学问就是要把丢失的心找回来，求放心莫若格物致知，在自己心地上下功夫。

圣贤之学，没有不是在自己起心动念处究竟的。孔子年将五十，尚以学易，以祈无大过；颜渊四勿，曾子三省，袁了凡之功过格，无不从自己起心动念、行为造作处入手，成就自己德行、完善自我。子曰："古之学者为己。"为己，就是先成就自己。所以君子学习，是听在耳里，记在心里，表现在威仪的举止和符合礼仪的行动上。一举一动，哪怕是极细微的言行，皆须自己先成就，然后始有能力成就他人，垂范于人。

附五：进德二人

1. 尹陈童训

尹焞①字彦明，一字德充，世为洛人。少师事程颐，尝应举，发策②有诛元祐诸臣议，焞曰："噫，尚可以干禄③乎哉！"不对而出，告颐曰："焞不复应进士举矣。"颐曰："子有母在。"焞归告其母陈，母曰："吾知汝以善养，不知汝以禄养。"颐闻之曰："贤哉母也！"于是终身不就举。焞之从师，与河南张绎同时，绎以高识，焞以笃行。颐既没，焞聚从洛中，非吊丧问疾不出户，士大夫宗仰之。（选自《宋史·列传一百八十七》）

【译文】

宋朝尹焞，字彦明，一字德充，世代都是洛阳人。少年时，以程颐为老师，曾参加进士考试，打开试题，上面有诛杀元祐党人的议题，尹焞说："哎，怎么可以凭借这求得俸禄呢？"没答题就走了出来，告诉程颐说："我不再参加进士考试了。"程颐说："你有母亲在。"尹焞回去禀告他的母亲陈氏，母亲听了后说："我知道你以善作为人生的根本，而知道你不是以俸禄作为人生根本。"程颐听了后说："贤惠的母亲啊！"于是尹焞终身不再参加科举。尹焞从师于学，与河南张绎同时，张绎以见识很高而著称，尹焞以言行笃实而闻名。程颐死后，尹焞在洛阳聚徒讲

———————

① 焞：音 tūn。

② 发策：发出策问。古代考试把试题写在策上，令应试者作答，称为策问，简称策。

③ 干禄：称钻营当官，追名逐利为干禄。干，追求。禄，旧称官吏的俸给。

学，不是悼念丧者或慰问病者的事就足不出户，士大夫们都推崇他为一代宗师。

2. 袁了凡母

乙卯^①，四兄进浙场^②，文极工，本房^③取首卷^④，偶以中庸义太凌驾^⑤，不得中式^⑥。后代巡^⑦行文给赏^⑧。母语余曰："文可中而不中，是谓之命。倘文犹未工，虽命非命也。尔勉之，第^⑨勤修其在己者，得不得勿计也。"四兄登科^⑩，报至，吾母了无喜色。但语予曰："汝祖汝父读尽天下书，汝兄今始成名，汝辈更须努力。"（选自《庭帏杂录·袁衮》）

【译文】

明朝1555年，四兄（袁了凡）进浙江考场，文章写得极精辟，阅卷官员已录为第一，偶因中庸义太凌驾，不得中举。后来代巡官员重新审查时给予赏赐。母亲对我说："文章可以考中但没有中，这是命；假如文章写得不精彩，即使是命也不是命。你要以此来勉励自己，只管勤奋修业，中不中举不要计较。"四兄考中举人，喜报到来，母亲完全没有一点喜色。只是对我说："你的祖父、父亲读尽天下书，你兄长今天才成

---

① 乙卯：嘉靖三十四年，即1555年。

② 浙场：浙江科场。

③ 本房：科举时代乡、会试考官分房批阅考卷，故称考官所在的那一房为本房，指阅卷官员。

④ 首卷：试卷中成绩最好的，指第一名。

⑤ 凌驾：超越、压倒。

⑥ 中式：指科举考试被录取，科举考试合格。

⑦ 代巡：官名，原为巡抚，明初指京官巡察地方。

⑧ 给赏：给予赏赐。

⑨ 第：但，只管。

⑩ 登科：这里的登科应是指考举人，1570年礼部考科举，袁了凡秋闱中式。了凡母亲李氏去世于1573年，而了凡考进士是1586年，万历十四年丙戌科唐文献榜进士，列三甲一百九十三名。

名，你们更须努力。"

第三节　教育环境

《论语·阳货》里，子曰："唯上智与下愚不移。"孔子认为一个人的性情大多是可以改变的，只有上智与下愚才是很难被转移的。对于中人来说，周围生活和教育的环境的确很重要，遇善则善，遇恶则恶。每天和正人君子在一起，自己就自然会成为正人君子，如果每天和那些邪恶的人在一起，自己也就会成为邪恶的人，这就好比从小生长在齐地，就不可能不说齐地的方言；这就好比你从小生长在楚地，不能不讲楚地的方言一样。所以，良好的人文环境对人格的形成及德行的培养至关重要。

每个人生活的环境都包括家庭环境和外部环境，实际上，子女生活的第一环境是家庭。每个家庭都有不同的家风、习性，这种家庭固有的家风和习性对子女的影响才是最大的，比如把一个刚出生的婴儿交给一只狼去抚养，婴儿长大后就具有狼的很多生活习性。家庭是个环境，许多父母本身就不合格，情绪化严重，高兴起来什么都好，对孩子的错误视而不见；烦躁起来，孩子一身都是错，喜怒无常使孩子无所适从。给"外行"的父母当孩子，就像是植物生长在土壤或者光照有问题的环境里，肯定会有这样或那样的发育不良。在家庭教育的过程中，家长不应该仅仅注意孩子身上的问题，更要注意成年人自己身上的缺陷，从孩子身上看问题，很容易一叶障目，因为孩子身上的每个具体问题都能在父母身上找到影子。所以，父母亲首先要反思自身的问题。教育子女既要注意子女生活、居住的外部环境，更要注重自身家庭家风和习性的建设和改良。面对自己家庭强大的不良习性，让一个幼小的孩子不受沾染是不现实的。

社会风气也是环境，大凡社会风气的形成，起初都是一二人兴起所致。作为母亲，不光要为子女创造良好的家庭生活、教育环境，还要倡导健康、良善的社会风气，适合生命生存的环境，敢于抵制那些阴暗的潜规则和不良风气，为孩子创造健康的社会空间。

附六：环境二人

1. 孟母三迁

邹^①孟轲之母也，号孟母。其舍近墓。孟子之少也，嬉游为墓间之事，踊^②跃筑埋。孟母曰："此非吾所以居处子。"乃去，舍市傍。其嬉戏为贾人衒卖^③之事。孟母又曰："此非吾所以居处子也。"复徙舍学宫^④之傍。其嬉游乃设俎豆^⑤，揖让^⑥进退。孟母曰："真可以居吾子矣。"遂居。及孟子长，学六艺^⑦，卒成大儒之名。君子谓孟母善以渐化。（选自《列女传·母仪传·邹孟轲母》）

【译文】

战国时期，邹国孟轲的母亲，号称"孟母"。最初她居住的地方离坟墓较近。孟子小时候常常在坟墓间游玩，玩耍时做一些修筑坟墓、掩埋棺材的事情。孟母说道："这里不是我儿子该住的地方。"于是就离开了那里，搬到一个市场旁边。孟子又嬉戏玩闹学商人叫卖。孟母又说道："这里不是我儿子该住的地方。"再次搬家到一个学校附近。孟子在游玩中摆弄祭祀器皿，学习揖让进退之礼。孟母说道："这里才适合我儿子住。"于是就在学校附近定居下来。等到孟子长大，学成六艺，最终成为

---

① 邹：古国名，在今山东省邹城一带。

② 踊：往上跳。

③ 贾人：商人。衒卖：衒，音 xuàn。叫卖，出卖。

④ 学宫：学校。

⑤ 俎豆：俎，音 zǔ。俎和豆，古代祭祀所用的两种器皿。

⑥ 揖让：揖，音 yī。拱手礼，宾主相见的礼仪。揖让进退就是打拱作揖、进退朝堂等古代宾主相见的礼仪。

⑦ 六艺：儒家要求学生掌握的六种才能，分别为：礼、乐、射、御、书、数。

一位儒学大家。君子称赞孟母善于循序渐进地教化儿子。

2. 袁了凡母

潘用商与吾父友善，其子恕无子，余幼鞠①于其家。父没，母收回。告曰："一家有一家气习②，潘虽良善，其诗书③、礼仪④之习不若吾家多矣。吾早收汝，随诸兄学习，或有可成。"（选自《庭帏杂录·袁衮》）

【译文】

（明朝）潘用商与我（袁衮）的父亲友善，他的儿子潘恕没有孩子，我从小过继给潘家，被潘家抚养。父亲去世后，母亲把我收回来，告我说："一家有一家的习惯、风气，潘家虽友好善良，但他家诗书、礼仪的风气不如我家浓厚。我早点把你要回来，随各位兄长学习，或许会有所成就。"

第四节　关爱子女

"慈母手中线，游子身上衣。临行密密缝，意恐迟迟归。谁言寸草心，报得三春晖。"这是唐代诗人孟郊的《游子吟》，是一首赞美母爱的颂歌，表达了深挚的母爱，无时无刻不在沐浴着儿女们。一位游子要离开故乡，远行他方，其实，老母的内心何尝不是难以割舍，真切盼儿子早些平安归来呢！行前的此时此刻，老母将真挚的母爱倾注在一针一线上，针针线线都是这样的细密，是怕儿子迟迟难归衣衫破裂无人缝补，故而要把衣衫缝制得更为结实一点儿罢了。慈母的一片舐犊之情，正是在日常生活中最细微的地方流露出来，朴素自然，亲切感人。这里既没

---

① 鞠：养育、抚养。

② 气习：气质、习性。

③ 诗书：指《诗经》和《书经》，泛指儒家典籍、四书五经。

④ 礼仪：礼节和仪式。

有言语，也没有眼泪，然而一片母爱的纯情从这普通常见的场景中充溢而出。千百年来拨动了每一个读者的心弦，催人泪下，引起万千游子的共鸣，唤起普天下儿女们亲切的联想和深挚的忆念，激发了报答母亲恩情的动力。

教育是身教，更是情感教育。教育并不是大人一股脑的，将自己固有的所谓教育法则，灌输给子女。父母要学会用自己的心去感知，去沟通。用心感受孩子的心，真心体会孩子欠缺什么，需要什么。要用自己的爱心，唤醒孩子身上爱的情感。在一个人的生命中，情感起着重要的作用，道德告诉人们应该怎么样做，理智告诉人们用什么方法去做，而情感则告诉人们，愿意怎么做。父母的爱，对孩子来说至关重要。孩子一旦感受到父母的爱，他会万分珍惜的，他们会强烈的回报这种爱。这种沟通，未必是语言可以表现的。看到孩子努力学习、身体劳累，或致精神不振作，母亲不是教条地拿圣贤故事训教孩子，而是要善于体会孩子，是否孩子过度劳累，身体消耗过度呢？给孩子补充些药物或营养来调剂身体，自己也应该感同身受的陪孩子一起读书。正是这份"随风潜入夜，润物细无声"般的母爱，让孩子感恩回报。这份回报就是成长、自强，不让父母担忧，替父母分忧，从而积极进取。

孩子的成长，需要的不单是物质，更需要来自于父母真正的关怀。父母的爱有助于孩子的成长和独立，使孩子正确对待他人，形成健康心理。古往今来，常有一些孩子，他们的父母没有多少文化，但他们的孩子却往往表现出超乎常人的毅力、耐心，并且在许多领域都做出了杰出的成就，常常令其他父母羡慕不已。他们体贴父母和他人的艰辛；他们坚强、忍耐，总能克服各种障碍，自强不息。是什么力量促使他们自强不息？是情感的动力，是报答母亲恩情的动力。"谁言寸草心，报得三春晖。"有谁敢说，子女像小草那样微弱的孝心，能够报答得了像春天阳光般厚博普泽的慈母恩情呢？正是这份情感激励着子女们自强不息，自我完善，在社会各个领域做出成就，走出精彩的人生。这些儿时难以磨灭的记忆，像人生道路上永远闪耀的星星。不管一个人在社会的领域走多远，成就多大，都会真诚地向给他留下美好记忆的人们致敬。难道还有比这更成功的教育吗？

附七：关爱二人

1. 柳仲郢母

柳仲郢[1]，字谕蒙。母韩，即皋女也，善训子，故仲郢幼嗜学，尝和熊胆丸，使夜咀咽以助勤。长工文，著《尚书二十四司箴》，为韩愈咨赏。（选自《新唐书·列传第八十八》）

【译文】

唐朝柳仲郢，字谕蒙。母亲韩氏，就是韩皋的女儿，善于教育儿子，所以仲郢年幼酷爱读书，曾经浸泡苦参、黄连和熊胆制熊胆丸，让仲郢夜里吃它补养疲劳的身体而勤勉读书。柳仲郢长大后擅长写文章，著有《尚书二十四司箴》一书，被韩愈叹赏。

2. 袁了凡母

予随四兄夜诵，吾母必执女红[2]相伴。或至夜[3]分，吾二人寝乃寝。

---

① 柳仲郢：（？—864）唐代大臣，字谕蒙，京兆华原（今陕西铜川耀州区东南）人。柳仲郢少年时勤读经史，其父柳公绰藏书甚多。自称本人不读非圣贤之书，曾手抄《九经》《三史》，尤对《史记》《汉书》以及魏、晋、南北朝史作过深入研究，不仅熟读，而且手抄，与所抄其他经史三十多篇，合辑为《柳氏自备》，经常参阅。旁录《瑜伽》《智度大论》等佛、仙、道经书甚多，皆以精楷字录之，小楷精谨，无一字肆笔。藏书之处在长安，后迁至洛阳，藏书达万卷以上。所著《尚书二十四司箴》一书得到著名文学家韩愈的赏识，从此出名。

② 女红：古时指妇女所做的纺织、刺绣、缝纫等工作和这些工作的成品。

③ 夜：旧时自黄昏至拂晓一夜间，分为五段，谓之"五更"，又称五鼓、五夜。

四兄善夜坐，尝至四鼓^①。余至更余辄睡，然善早起。四兄睡时母始睡，及吾起，母又起矣，终夜不得安枕，鞠育^②之苦所不忍言。（选自《庭帏杂录·袁衮》)

【译文】

（明朝时）我（袁衮）跟随四兄夜晚读书，母亲必定做女工相伴，有时至夜半，我二人入睡后方才入睡。四兄喜欢夜里静坐，常坐到四更；我到更余就睡，然而喜欢早起。四兄睡时母亲才睡，到我起床时，母亲又起来，整夜不能安睡，养育之苦难以言说。

---

① 四鼓：指晨一时至三时，即丑时。鼓，古代夜间击鼓以报时，一鼓即一更。
② 鞠育：抚养、养育。

敦伦篇

第一节　孝道

孟子曰："尧舜之道，孝悌而已。""孝"代表着人们对生命源头的一种感恩精神，这种精神是我们与天地万物相处的起点。孝敬父母，有这份基本的感恩之心，继而才能推及到感恩天地，感恩社会，感恩所有帮过自己的人。如此才能形成天地人的和谐格局，顺应天地仁义之道。孔孟以"孝悌"作为仁的根本，强调说："君子侍奉父母亲能尽孝，所以能把对父母的孝心移作对国君的忠心；奉事兄长能尽敬，所以能把这种尽敬之心移作对前辈或上司的敬顺；在家里能处理好家务，所以会把治家的道理移于做官治理国家。因此说能够在家里尽孝悌之道、治理好家政的人，其名声也就会显扬于后世了。"所以，君子行孝，而悌、忠、信、礼、义、廉、耻也包含其中了。

《孝经》说："孝子之事亲也，居则致其敬，养则致其乐，病则致其忧，丧则致其哀，祭则致其严，五者备矣，然后能事亲。"这是孝敬父母的五种表现：在日常起居生活中以最诚敬的心情服侍父母；父母生病时以最忧虑的心情照料父母；父母过世时以最哀痛的心情来料理后事；祭祀时以最诚敬的态度来追思父母。这五方面做到，才称得上是能侍奉双亲的孝子。孝道始于奉养双亲，进而侍奉君主，最终在于立身扬名，扬名后世来显耀父母，这是最大的孝道。天下称颂周公，说他能够论述、歌颂文王、武王的功德，宣扬周、邵的风尚，通晓太王、王季之思虑，乃至于公刘的功业，并尊崇始祖后稷。《孝经》说："孝顺，就像天上日月运行一样是永恒的规律，也像地上万物生长一样是不变的法则，更是天下民众的行为准则。天地间的规律，万民都要遵循。"

一、慎终追远

1. 祭祀是一种教化

《礼记·礼器篇》孔子曰："祭则受福。"祭自己的祖先，是为报答祖先的恩德。诚心祭之，自可获福。同时，祭祀也是孝道的教育。《论语·学而》里，曾子曰："慎终追远，民德归厚矣。"慎是谨慎，终是寿终。远有二义：一为父母去世已经久远，二为祖父母以至历代祖先，距今已远。就是说父母寿终时，须依丧礼，谨慎治理丧事。丧葬之后，须依礼依时追念祭祀。君子反思远古，追怀本始，不忘记自己生命的由来，所以要向祖先表达敬意，抒发感情，竭尽全力去做事，不敢不尽心尽力，这就叫做大教化。子子孙孙，如是追远祭祀，是为不忘本。能行此慎终追远二事，人民的道德就自然敦厚了，因为厚德由行孝而来。

2. 事死如事生

《伦语·八佾》："祭如在，祭神如神在。子曰：'吾不与祭，如不祭。'"祭祀祖先就如同祖先真在那里，祭祀神就如同神真在那里。孔子说："我如果不亲自参加祭祀，（由别人代祭）那就如同不祭祀一样。"所以，祭祀要诚敬，亲力亲为，恭敬合乎礼仪，方能感应道交。

从前周文王进行祭祀的时候，侍奉双亲的神灵就像侍奉在世的父母一样，思念死者时痛不欲生，每逢父母的忌日必定悲哀，提到父母的名字就如同见到了父母本人，祭祀时的表现可以称得上诚敬了。祭祀时深切地思念亡亲，就好像又见到了父母的嗜好习惯。祭祀时想起父母音容笑貌的大概只有文王了吧。《诗》上说："天亮了还睡不着，又想起了父母双亲。"说的就是文王吧。祭祀的第二天，天亮了还睡不着，又想起了父母双亲，享祭时将父母神灵请来，恭敬地献上祭品，祭祀之后又思念不已。祭祀那天，快乐与悲哀是参半的，享祭亡亲自然欣喜，可是亡亲神灵来到还要离去，祭祀完毕又陷入悲哀，这是作为孝子的感受。文王能够做到这一点。

附八：祭祀四人

1. 袁了凡母（二则）

先母没，期年^①，吾父继娶吾母来时，先母灵座^②尚在。吾母朝夕上膳，必亲必敬。当岁时^③佳节，父或他出，吾母即率吾二人躬^④行奠礼。尝^⑤洒泪告曰："汝母不幸蚤世^⑥，汝辈不及养，所可尽人子之心者，惟此祭耳。为吾子孙者，幸勿忘此语。"（选自《庭帏杂录·袁衷》）

【译文】

先母去世，一周年，父亲（袁仁）继娶母亲（袁了凡母亲李氏）来时，先母灵座尚在。母亲早晚上膳祭奠，必亲必敬。当年遇到佳庆节日，父亲有时外出，母亲就带领我二人亲自行祭奠礼仪。母亲曾流着泪告诉说："你们的母亲不幸早逝，你们来不及孝养，可尽人子之孝心的方法，只有这个祭祀。作为我家的子孙，希望不要忘记这些话。"

遇四时佳节，吾母前数日造酒以祭。未祭，不敢私尝一滴也；临祭，一牲^⑦、一菜皆洁诚专设；既祭，然后分而享之。尝语予曰："汝父年七十，每祭未尝不哭，以不逮^⑧养也，汝幼而无父，欲养无由，可不尽诚于祀典^⑨哉！"每遇时物，虽微必献。未献，吾辈不敢先尝。（选自《庭帏杂录·袁衷》）

---

① 期年：一周年。

② 灵座：亦作"灵坐"，指新丧既葬，供神主的几筵。

③ 岁时：一年、四季。

④ 躬：亲自。

⑤ 尝：曾经。

⑥ 蚤世：蚤通早，指早死。

⑦ 牲：古代特指供宴飨祭用的牛、羊、猪，牲畜献牲。

⑧ 逮：到，及。

⑨ 祀典：祭祀的仪礼。

【译文】

遇到四时佳节。母亲提前几天酿酒来祭祀。未祭祀，不敢私自尝一滴；祭祀时，一牲、一菜，皆洁净真诚专门准备；祭祀完，才分给大家共享祭品。母亲曾经对我说："你父亲年岁七十，每逢祭祀都因来不及奉养双亲而痛哭。你幼年就没了父亲，想奉养也没有机会，能不尽诚于祭祀典仪吗？"每遇时令食物，即使微小必供献。没有供献，我们不敢先尝。

2. 德芳丧祭

明余懋①衡妻江氏，名德芳，幼读书，通《诗》《易》二经。懋衡遭父丧，孑然②苫块③，不御酒肉者三年。江氏亦不以酒肉进，相见不踰阈④。性喜俭素，终身布衣椎髻。教子如严师，有过必杖。既贵且老，祭祀必手亲苹藻⑤。尝曰："世人享客丰而奉先菲，何其舛⑥也。"语人子妇必以孝，语人娣娌必以和。懋衡后官至南尚书，江氏封夫人焉。（选自《德育课本》）

【译文】

明朝有个余懋衡，他的妻子江氏，名叫德芳，幼小读书，通晓《诗经》和《易经》。余懋衡的父亲去世后，懋衡就为父守孝，独自睡草席，枕土块，酒肉不沾，这样过了三年。江德芳见丈夫如此守礼，也不进献酒肉给丈夫，夫妻见面也不越过门槛。江德芳生性喜欢俭朴，终身穿着粗布做的衣服，头上梳着像椎一样的发髻。她教导儿子时像严厉的老师

---

① 懋：音 mào。

② 孑然：独自一人。孑，音 jié。

③ 苫块：古代父母死后，儿子要睡草席，枕土块。苫，音 shān。

④ 踰阈：亦作"逾阈"，跨过门槛，出家室。阈，音 yù。

⑤ 苹藻：皆水草名，古人常采作祭祀之用，用作祭祀的代称。

⑥ 舛：音 chuǎn，错乱。

一样，儿子有了过失，就用杖去惩罚。后来江氏富贵了，年纪也大了，但祭祀祖先的时候，一定亲手去准备祭祀的物品。她曾经说："世上的人，待客人的饭菜很丰盛，可是祭祀祖先的饭菜却很菲薄，这是多么颠倒啊！"她对做儿媳妇的讲话，一定叫她们要孝顺；对妯娌们说话，一定叫她们要和睦。后来她的丈夫余懋衡，官做到南京的尚书，江氏就封了一品夫人。

3. 朱祝恭敬

明朱道行妻祝氏，年十三，即依其姑吴氏。家贫，无臧获[1]。吴淅米[2]，祝炊薪。吴操臼[3]，祝汲井。吴缝纫，祝浣涤。吴性俭，爇[4]灯、捻草细如发，为省膏也；煮茗、不更举火，出诸余瓮。吴以是传祝，祝以传其妇徐。遇祭祀，辨明起，洒扫庭户，涤几席，治膳必洁且热。曰："鬼何知食？惟得气耳。贫家纵不得明粢[5]丰盛，奈何不以气妥先灵乎？"

（选自《德育课本》）

【译文】

明朝朱道行的妻子祝氏，十三岁的时候，就依靠婆婆吴氏生活。她家很穷苦，没有奴仆。婆婆吴氏淘着米，媳妇烧着火。婆婆舂米，媳妇就到井里去提水。婆婆缝补，媳妇就去洗衣。两个人都很勤俭地操持着家务。婆婆吴氏生性节俭，点菜油灯的时候，就把灯草捻得像头发一样的细，因为这样就可以省油了。煮茶的时候，不另外烧火，只在瓦瓮里用余火热着就好了。吴氏传给祝氏，祝氏又传给媳妇徐氏。祝氏每遇着祭祀祖先的时候，天色稍稍有些亮，就起身了。洒扫庭户，揩洗几桌。

---

① 臧获：古代对奴婢的贱称。

② 淅米：淘米。淅，音 xī。

③ 臼：舂米。

④ 爇：音 ruò，烧。

⑤ 粢：音 cí，古代供祭祀用的谷米。

做的祭菜一定要很干净，并且又要很热的。她对人家说道："鬼哪里能够真的吃下东西呢？无非得点热气罢了。像我们这样的贫穷人家，虽然不能置办很丰盛的饭菜，怎么能够不用热热的香气，去请祖先享受呢？"

4. 朱王女范

【原文】

明朱诠鍒①继妻王氏，山西人，幼年丧母，故自归诠鍒后，绝不归宁。相夫有礼，治家克俭。尝以不及事翁姑为恨。每祭祀必斋戒。抚前妻之女，不啻②己出。诠鍒官至镇国将军。卒，王氏终身缟素，永绝庆吊③，不礼宾客，不精饮食，严守阃④则。子妇辈谒见，必教以孝弟诸大节，经史次之。著有《女范》十篇，盛行于世。（选自《德育课本》）

【译文】

明朝朱诠鍒的后妻王氏，是山西人。在她幼年的时候，母亲就去世了，所以自从嫁到朱诠鍒家以后，就再也没有回过娘家。她侍候丈夫很有礼节，治理家务勤劳节俭。常常因为没有机会奉侍公公婆婆，心里感到很遗憾。每逢公婆的忌辰、祭祀的日子，她一定先斋戒以示恭敬。抚养前妻的女儿，不异于自己亲生的。后来朱诠鍒官做到镇国将军。去世以后，王氏就终身穿着素色的衣服，也不和人家来往，外界一切庆贺吊丧的事，也都断绝了。也不见宾客的面，饮食也不求精，严格遵守闺门内的礼法。儿子媳妇们去见她的时候，就教导他们孝悌等等大道理。实行孝悌，这是最要紧的，至于读经史书籍，则是其次。她又编写了一部书，书名叫《女范》，共有十篇，在当时广为流传。

---

① 鍒：音 qiú。

② 不啻：不异于。啻，音 chì。

③ 庆吊：庆贺与吊慰。亦指喜事与丧事。

④ 阃：音 kǔn，内室，借指妇女。

二、敦行孝道

1. 孝顺在恭敬

子游问怎么做才是尽孝。孔子说："现在人们认为的孝是能养父母，其实连狗马等牲畜都能养（比如狗可以看家护院；马可以代步，代力，干活儿等），假如对父母不敬的话，那么子女能养父母与狗马也能养父母有什么区别呢？"

子路向孔子请教说："贫穷真是令人伤悲啊！父母在世时没法好好奉养，去世以后又无法体面地举行葬礼。"孔子说："煮豆为食，以水为饮，虽然这样清苦，却能使父母尽情欢乐，这就可以称得上是孝顺了。父母死后，衣被能够遮盖住肢体，没有外露，仅用薄棺收殓尸体而没有套棺，随即加以安葬，一切花费都与自己的财力相称，这样做就可以称作礼了。贫穷又有什么令人伤悲的呢？"

所以，孝道与贫穷、富贵没有关系，孝顺父母在于自己内心是否真诚。如果不是自己内心真诚，就不能孝顺父母；使自己内心真诚有一定的方法，就是选择善道而坚持不懈。如果不能彰显善性，就不能使自己内心真诚。内心真诚，是上天的最高准则，内心真诚的表现是恭敬；按照诚的要求去做而实现诚，是为人处世的准则。只要内心真诚，不必勉强就能行为合理，不用思索就能领悟体会，一切从容自然合乎法则，这是圣人之所以心性平静的原因。

2. 顺从道义，劝谏父母

《孔子家语·三恕》里，子贡请教孔子说："儿子顺从父亲的命令，就是孝顺；臣下顺从君主的命令，就是忠贞；这有什么可怀疑的？"孔子说："太浅薄了，端木赐！你不了解啊！从前在圣明的君王统领下的兵车万乘的国家，有谏诤之臣七人，君主就不会有过失的举动；兵车千乘的诸侯国家，有谏诤之臣五人，江山就不会有危机；兵车百乘的大夫之家，有谏诤之臣三人，俸禄、爵位就不会被废弃、代替；父亲有敢于谏净的儿子，就不至于陷入不守礼法的境地；士人有善于谏诤的朋友，就不会再干出不道义的事情。因此，儿子顺从父命，难道就是孝顺，臣下顺从君命，难道就是忠贞吗？能够认真考虑明白自己所以顺从的道理，这才称得上真孝顺、真忠贞。"

3. 女子之孝

女子的孝道，在家孝敬自己的父母，出嫁后，要孝敬公婆，把公婆当成自己的父母对待。无论公公婆婆，公公婆婆的兄弟姐妹，都是长一辈的亲人，都要恭敬，要尽孝道。虽说公婆没有生养自己，却生养了自己的丈夫，夫妻同体，公婆的恩德怎可忽视呢？

附九：敬养六人

1. 乳姑不怠

唐崔山南，曾祖母长孙夫人，年高无齿。祖母唐夫人，每日栉①洗，升堂乳其姑，姑不粒食，数年而康。一日病，长幼咸集，乃宣言曰："无以报新妇恩，愿子孙妇如新妇孝敬足矣。"后博陵诸崔，历台阁藩镇者数十人，天下推为仕族之冠。（选自元代郭居敬《二十四孝》）

吕坤谓：妇事姑，菽水②时供，不失妇道，即以孝称矣。日竭甘旨③，极意承欢④，姑不能食，亦付之无可奈何耳。乃夺子乳以乳姑，非真心至爱，出于自然，何能思及此哉？是故有孝亲之心，不患无事亲之法。

【译文】

唐朝时，山南西道节度使，名叫崔琯。他的曾祖母长孙夫人年纪很

---

① 栉：音 zhì，梳理头发。

② 菽水：豆与水。指所食唯豆和水，形容生活清苦。孔子曰："啜菽饮水尽其欢，斯之谓孝。"后常以"菽水"指晚辈对长辈的供养。

③ 甘旨：美味的食物。

④ 承欢：指侍奉父母。

大，嘴里的牙齿已经完全脱落了。崔山南的祖母唐夫人，每天先梳好了头，洗好了手，就到堂前拜见婆婆，再给婆婆吃自己的奶。长孙夫人虽然没有牙齿不能吃饭，可是好几年依旧很康健。有一天生病了，全家老小都到她的房里。她就对大家说："我没有东西可以报儿媳妇的恩，但愿子子孙孙的媳妇个个像我儿媳妇一样的孝敬，那就好了。"后来博陵崔家，做尚书、做州郡长官的有好几十个人。论起天下做官的人家，总要推尊崔家是首位。

吕坤说：儿媳妇侍奉婆婆，哪怕很清苦只供奉水和豆子，只要不失孝道，就被称为孝顺了。每天用尽美食，尽心尽意侍奉父母。然而婆婆不能吃东西，也拿她没有办法。竟然夺去喂养孩子的奶来奉养婆婆，不是诚心敬爱到了极点，出于自然，怎能想出这个办法呢？因此有孝敬父母的真心，不用担忧没有侍奉亲人的方法。

2. 郑义宗妻

郑义宗妻卢氏，幽州范阳人，卢彦衡之女也。略涉书史，事舅姑甚得妇道①。尝夜有强盗数十人，持杖鼓噪②，逾垣而入，家人悉奔窜，唯有姑独在室。卢冒白刃往至姑侧，为贼捶击之，几至于死。贼去后，家人问曰："群凶扰横，人尽奔逃，何独不惧？"答曰："人所以异于禽兽者，以其仁义也。昔宋伯姬③守义赴火，流称至今。吾虽不敏，安敢忘义。且邻里有急，尚相赴救，况在于姑，而可委弃！若万一危祸，岂宜独生！"其姑每叹云："古人称'岁寒然后知松柏之后凋也'④，吾今乃知卢新妇之心矣！"（选自《旧唐书·列女传》）

---

① 妇道：妇人应遵守的道德规范。

② 鼓噪：音 gǔ zào，是指鸣鼓喧哗，喧闹，起哄。擂鼓，呐喊。

③ 宋伯姬：鲁宣公之女，成公之妹也。

④ 出自《论语·子罕第九》

【译文】

唐朝郑义宗的妻子卢氏，是幽州范阳人，卢彦衡的女儿。卢氏读过书，侍奉公婆很合乎妇道。有一天黑夜，几十名强盗手持棍棒，喊叫着翻墙而入。家里人都四处逃窜，只有婆婆一人在厅堂。卢氏冒着强盗的刀剑，跑到婆婆身边，差点被贼寇打死。强盗退走，家人问卢氏："强盗这么凶，大家都跑了，你怎么不怕？"卢氏回答说："人之所以不同于禽兽，是因为人懂得仁义道德。当年宋伯姬为了守义宁愿被火烧死，芳名传至今日。我虽然不聪明，但也不敢忘记仁义！邻居家如果有危急情况，尚且能相救，更何况是自己的婆婆，怎么能丢下不管呢？如果她遭了什么祸患，我怎么能活下去呢？"她的婆婆常叹息说："古人说'岁寒然后知松柏后凋'，我现在知道媳妇卢氏对我的孝心了！"

3. 王周典衣

明王槐庭妻周氏，事姑尽孝。遇岁荒，纺绩无利，借贷无门，粮罄[1]姑病，衣饰已典尽。周乃脱身上青衫，嘱夫典钱，延医购药，不顾己身冻饿。姑寻[2]愈。后忽于菜园中锄地，得窖银巨万。子三，一登科，二入泮[3]。享寿九十五，无疾而终。（选自《德育课本》）

【译文】

明朝时，王槐庭的妻子周氏，很孝顺她的婆婆。有一年，年成荒歉，纺织没有钱可赚，借债又没有地方可借。家里的米粮已经吃完了，婆婆又生着病，衣裳首饰也已经当光了。没有法子，周氏就脱下了身上穿着的青衫，让丈夫到典当行里去当钱，给婆婆请医买药，丝毫不顾自己身上的寒冷，肚里的饥饿。没多久婆婆的病好了。后来周氏在菜园子里锄地，忽然发现了几万两银子的藏银，从此家里就很富足了。周氏生

---

① 罄：器中空，引申为尽、竭。

② 寻：不久；接着；随即。

③ 泮：泮宫。古代学宫。

了三个儿子，一个考中进士，两个考中秀才。周氏自己活到了九十五岁，死的时候好好的没有一点毛病。

4. 三姑事长

辽郭维翰女，名三姑。九岁父卒，又三年母丧。弟年幼，上有祖父，年七十余。依其伯，伯已年五十。祖父病风不起，三姑侍汤药饮食，三年不离。祖逝，伯继病，三姑侍伯病，如事父母然。伯终，三姑服丧三年，服阕^①。适胡大庵为妻，夫荣子贵，人咸敬之。（选自《德育课本》）

【译文】

元朝时候，辽国的郭维翰，有个女儿名叫郭三姑。九岁时，父亲就去世了。过了三年，母亲也去世了。她的弟弟年纪还小，上面还有祖父，年纪已经七十多岁了。祖父和三姑的伯父一起住着，她的伯父年纪也有五十岁了。她的祖父因中风瘫在床上，终日不能起来。郭三姑服侍祖父吃药、吃饭，三年不曾离开过祖父。后来祖父死了，她的伯父又生了病，郭三姑服侍伯父和服侍父母一样。伯父死了，郭三姑服了三年丧，丧满以后，嫁给胡大庵做妻子。后来郭三姑的丈夫和儿子，都享受荣华富贵。当时的人们都很敬重她。

5. 乐羊子妻

河南乐羊子之妻者，不知何氏之女也。尝有它舍鸡谬入园中，姑盗杀而食之，妻对鸡不餐而泣。姑怪问其故。妻曰："自伤居贫，使食有它肉。"姑竟弃之。（出自《后汉书·列女传》）

【译文】

西汉时，河南乐羊子的妻子，不知道是谁家的女儿。曾经有一次，邻居家的鸡误入她的菜园，她的婆婆就偷偷把鸡抓来杀了吃，乐羊子的

---

① 服阕：守丧期满除服。阕，音 què，终了。

妻子看着鸡，一口也不吃就哭泣起来。婆婆感到很奇怪，问她为什么哭了。乐羊子妻说："我是难过家里太穷，饭桌上吃的竟然是别人家的鸡。"婆婆听了，就把鸡肉丢掉了。

6. 兰姐善谏

明童养媳兰姐，年十二。见其姑常与祖姑口角，辄^①骂老而不死为厌物。兰姐乃于夜静，泣跪姑前曰："姑与祖姑口角，示人榜样。日后姑老，人亦视为厌物，奈何？人孰不老，修短^②有数。媳愿姑亦如祖姑之寿也。"姑感悟而孝，兰姐后生五子，两登科甲。（选自《德育课本》）

【译文】

明朝时，有个童养媳名叫兰姐。十二岁的时候，看见婆婆和太婆争吵，婆婆骂太婆是老不死的讨厌东西。兰姐就在夜深的时候，流着眼泪跪在婆婆的跟前说道："婆婆和太婆争吵，是给后人的一个榜样。假使将来婆婆年老的时候，也有人把婆婆当讨厌的东西看，那么婆婆又觉得怎样呢？人谁能不老呢？寿命长短是有天数的，媳妇但愿婆婆像太婆一样享着长寿才好。"她的婆婆听了这一番话之后，很受感动并有所觉悟，从此很孝顺自己的婆婆了。后来兰姐生了五个儿子，有两个儿子考中进士。

第二节　悌道

一、兄弟之道

"悌者，所以事长也"，"悌"就是侍奉兄长、长辈。无论伯伯、叔叔、姑姑、姐姐、哥哥、嫂嫂、师长，等等，凡长于我者，都应该恭敬地侍奉。同时，悌还包含照顾弟弟、妹妹，甚至还延伸到照顾哥哥、姐

---

① 辄：每每、总是。
② 修短：长短。指人的寿命。

姐的下一代，侄子、侄女、外甥、外甥女都包含在里边。推己及人，出外凡是年龄长于我，辈分长于我，职位长于我，德行长于我，学问长于我，都应当以长辈对待。

自父母的眼里看来，兄弟原来是一体的。假使兄弟之间，稍微有了不和的话，那么父母的心，就会感到不安了；而父母若是看到兄弟相爱情同手足，内心不知道会有多么的快乐啊！所以悌道也是孝道的一部分。骨肉之间，应该重情义，不要相争，兄弟荣辱与共。如果兄或弟富有，或有成就，对其他兄弟不闻不问、不管不顾，悌道终是有亏，孝道也难周全。作为兄长，应该替父母照顾弟弟，亲爱弟弟，这是做父兄的本分，不必去责备弟弟一定要顺着；那么做弟弟的，就应该要爱自己的哥哥，但也不必去责备哥哥，对自己一定要慈爱，都要各自尽了自己应该尽的本分，如此方能立德。要时时念着：兄弟同是一个父母生出来的，本来就是同为一体的啊！就像是骨头和肉一样，很难解得开啊！

《礼记》中以兄弟和睦，为家族兴盛的资本，为什么会这样呢？如果一家之人各就其位，却不顺应此位该尽的义务，言行乖张，互不合作，怨声载道，愁叹不止，哪有比这样的家庭更贫穷的呢？孟子说："人必自重而后人重之，人必自侮而后人侮之。"人如果连自己的兄弟都不能去爱，又怎么能去爱他人呢？自己不爱他人，他人又怎么会爱你呢？兄弟之间不和睦，将导致各家的子女不相爱，这样，陌生人都会来欺负他们，还有谁来救助呢？

附十：兄弟二人

1. 姚里天伦

庚辰，留哥卒，年五十六。妻姚里氏^①入奏，会帝征西域，皇太弟

---

① 姚里氏，耶律留哥之妻，耶律留哥建立东辽国，曾经封她为王后。

承制^①以姚里氏佩虎符，权领其众者七年。丙戌，帝还，姚里氏携次子善哥、铁哥、永安及从子塔塔儿、孙收国奴，见帝于河西阿里湫城。帝曰："健鹰飞不到之地，尔妇人乃能来耶！"赐之酒，慰劳甚至。姚里氏奏曰："留哥既没，官民乏主，其长子薛阇扈从^②有年，愿以次子善哥代之，使归袭爵。"

帝曰："薛阇今为蒙古人矣，其从朕之征西域也，回回围太子于合迷城，薛阇引千军救出之，身中槊^③；又于蒲华、寻思干城与回回格战，伤于流矢。以是积功为拔都鲁^④，不可遣，当令善哥袭其父爵。"姚里氏拜且泣曰："薛阇者，留哥前妻所出，嫡子也，宜立。善哥者，婢子所出，若立之，是私己而蔑天伦，婢子窃以为不可。"帝叹其贤，给驿骑^⑤四十，从征河西，赐河西俘人九口、马九匹、白金九锭，币器皆以九计，许以薛阇袭爵，而留善哥、塔塔儿、收国奴于朝，惟遣其季子永安从姚里氏东归。（选自《元史·耶律留哥传》）

【译文】

南宋庚辰年（1220年），留哥卒，时年五十六岁。耶律留哥之妻姚里氏奏请大蒙古国成吉思汗，当时成吉思汗西征，皇太弟秉承皇帝旨意而便宜行事，由姚里氏佩虎符掌握兵权，管束部下的兵马七年。丙戌年（1226年），成吉思汗还师，姚里氏携次子耶律善哥、耶律铁哥、耶律永安及侄子耶律塔塔儿、孙子耶律收国奴，到河西阿里湫城参见成吉思汗。成吉思汗赞叹道："雄鹰飞不到的地方，你这个女人居然能到达！"赐她酒，慰劳十分详备周到。姚里氏回奏："我丈夫耶律留哥已经去世，契丹官民无主，留哥的长子耶律薛阇已经跟随您多年，愿以次子耶律善哥替

---

① 承制：谓秉承皇帝旨意而便宜行事。

② 阇：音 dū。扈从：随从，护卫。扈，音 hù。

③ 槊：音 shuò，《通俗文》矛长丈八谓之槊。

④ 拔都鲁：英雄、勇士的称号。

⑤ 驿骑：驿马。

代他，使耶律薛阇回来袭爵。"

成吉思汗说："薛阇现在已经是蒙古人了，他跟着我征讨西域，回回在合迷城围困太子，薛阇带领千军救了出来，身体为槊刺伤；又在蒲华、寻思干城与回回作战，被流箭所伤。由于他的功劳因此被授予了拔都鲁。成为拔都鲁，就不可遣回，应当令耶律善哥袭其父爵。"姚里氏拜谢而泣："薛阇是留哥前妻所生的嫡子，是应该继袭父亲的官爵。善哥是我自己生的儿子，假如把他立做辽王，那么是为了自己的私利，而蔑弃了天伦的大道理了，婢子自己以为不可。"成吉思汗赞叹她的贤德，赐与他们驿马四十，从征河西，赐给她河西俘人九口、马九匹、白金九锭，赐品的数目全都是九，允许以耶律薛阇袭爵，而留下了耶律善哥、耶律塔塔儿、耶律收国奴，只让她的幼子耶律永安跟着她东归辽东。

2. 袁了凡母

夏雨初霁^①，槐阴送凉，父命吾兄弟赋诗，余诗先成，父击节^②称赏。时有惠^③葛者，父命范裁缝制服赐余，而吾母不知也。及衣成，服以入谢。母询知其故，谓余曰："二兄未服，汝何得先？且以语言文字而遽^④享上服，将置二兄于何地？"褫^⑤衣藏之，各制一衣赐二兄，然后服。（选自《庭帏杂录·袁裳》）

【译文】

夏天雨后天刚放晴，槐阴送来凉风，父亲命我们兄弟作诗，我的诗先完成，父亲打着拍子称赞。当时有人送来葛布，父亲让范裁缝做衣服赏给我，而母亲不知道。等衣服做成，我穿着新衣进去致谢，母亲问知

---

① 霁：雨雪停止，天放晴。

② 击节：打拍子，形容十分赞赏。

③ 惠：给人财物或好处。

④ 遽：就。

⑤ 褫：音 chǐ，脱去，解下，夺去衣服。

原因后，对我说："二位兄长没有穿，你怎么能先穿呢？况且因为语言文字就能穿上新衣服，将置两位兄长于何地？"就脱去我的衣服藏起来，给两位兄长各做了一件，然后才可以穿。

二、女子悌道

女子的悌，不光包括自家的兄弟姐妹。女子出嫁以后，要把和丈夫这个家当成自己的家，照顾这个家庭。和小姑小叔之间，有媳妇之间的妯娌关系，是悌道；在古代，还有"嫡庶之间"的关系，也是悌道；以及与妯娌、姑嫂、嫡庶的孩子，都是悌道。这些人都是有血缘关系的家人，俗话说："打断骨头连着筋"，关怀这些晚辈，就表现出对这些晚辈的父母、长辈的一种恭敬态度。

女子的悌道，落实于兄弟姐妹之间比较容易，但是在姑嫂、妯娌、嫡庶之间就很难落实。因为兄弟姐妹从小生活在一起，互相照顾，有很深的情义。对于一个妻子来说，姑嫂、妯娌、嫡庶之间彼此不同姓，血缘不同，互相之间本来就没有什么恩情，只是道义上的结合。如果看重经济利益，很容易钩心斗角，离间兄弟姐妹之间的情感，从而忘却了亲情和道义。从夫妻角度而言，人常说："爱屋及乌"，爱这个人，也关爱他的家人，甚至他屋子上面的乌鸦都爱，这也是人之常情。修身从自身开始，亲民要先从家庭内部展开，家庭里的姑嫂、妯娌、嫡庶难道不是我们亲民的对象吗？所以欲修身者，需先由近及远，先做好本分为好。

（一）姑嫂之道

小叔小姑对嫂子来说，经常很难和睦相处。小叔小姑应当仔细想想，父母终有老的一天，或者去世的一天，在父母生病之后，谁来与我分担对父母的照顾？在父母之后而能亲爱我的人又是谁呢？为何偏要倚仗父母、兄弟的权势，来破坏姑嫂间的关系呢？作为嫂子而言，既然选择嫁到这个家里，从孝道上来说，照顾、引导小姑，和小姑和睦相处也是对公婆尽孝。从夫妻而言，和小叔小姑和睦相处，崇恩结援，也是对丈夫的尊重。对待小叔小姑的态度是为人之妻荣辱的关键，能不慎重对待吗？要与小叔小姑和睦相处，最好的办法就是谦恭、温顺、以礼相待。谦恭，是美好品德的根本；温顺是妻子应有的品行；以礼相待，是人际法则，如此就能和小叔小姑和睦相处。妻子像这样，才能称之为柔顺。

（二）姒娣之道

姒娣就是妯娌之间，也就是弟兄的妻子之间。妯娌之间的关系，其实是弟兄关系的一个延伸。亲兄弟有相同的家庭，相同的血脉，自然亲密。只是加入妯娌后关系就有些微妙了，妯娌毕竟不同于兄弟姐妹，她们来自不同的家庭，彼此的性情爱好各异，她们同样嫁到一个家庭，假如这些媳妇们没有好好相处，就可能破坏兄弟之间的情谊，尤其在公婆面前，都想适当的表现自己，所以难免就会互相不信任，互相猜疑，甚至暗中较劲。因此矛盾就产生了，这样一来，既伤了他们亲兄弟间的感情，也会伤了自家的和气。

俗话说：不是一家人，不进一家门。婆婆、儿媳、妯娌，都是外来的女性分别嫁给了一个家庭的不同男性，从本质上来说都是一家人。既然能有缘成为一家人，那就要相互信任，融入到彼此当中。一方有困难时，另一方要伸出援手，及时相帮；遇到问题时，要及时沟通，争取做到大事化小，小事化了。如果能有这样的意识，各自尽好自己的本分，不要看别人的缺点和毛病，相互关爱，实行己所不欲勿施于人的原则，把妯娌的儿子当自己的儿子来疼爱，那么这种矛盾摩擦就不会出现了。

（三）嫡妾之道

嫡妾之道，古时指正妻与妾，以及与其子女的关系。

附十一：姐弟二人

1. 鲁义姑姊

鲁义姑姊者，鲁野^①之妇人也。齐攻鲁至郊，望见一妇人抱一儿携一儿而行，军且及之，弃其所抱，抱其所携而走^②于山，儿随而啼，妇人遂行不顾。齐将问儿曰："走者尔母耶？"曰："是也。""母所抱者谁也？"曰："不知也。"齐将乃追之，军士引弓将射之，曰："止！不止，吾将射尔。"妇人乃还。齐将问所抱者谁也，所弃者谁也。对曰："所抱者妾兄之子也，所弃者妾之子也。见军之至，力不能两护，故弃妾之子。"齐将曰："子之于母，其亲爱也，痛甚于心，今释之，而反抱兄之子，何也？"妇人曰："己之子，私爱也。兄之子，公义也。夫背公义而向私爱，亡兄子而存妾子，幸而得幸，则鲁君不吾畜，大夫不吾养，庶民国人不吾与^③也。夫如是，则胁肩^④无所容，而累足无所履^⑤也。子虽痛乎，独谓义何？故忍弃子而行义，不能无义而视鲁国。"于是齐将按兵而止，使人言于齐君曰："鲁未可伐也。乃至于境，山泽之妇人耳，犹知持节行义，不以私害公，而况于朝臣士大夫乎？请还。"齐君许之。鲁君闻之，赐妇人束帛百端^⑥，号曰义姑姊。公正诚信，果于行义。夫义，其大哉！虽在匹妇，国犹赖之，况以礼义治国乎？《诗》云："有觉德行，四国顺之。"此之谓也。（选自《列女传·节义传》）

【译文】

（春秋战国时期）鲁义姑姊，是鲁国郊外的一个妇女。齐军攻打鲁

---

① 野：郊外，村外。

② 走：跑，逃。

③ 与：结交，交往。

④ 胁肩：耸着肩膀。

⑤ 累足：两脚相叠。履：踩踏。

⑥ 百端：百匹，形容锦帛很多。

国，到了鲁国的城郊，远远看见一个妇女一手抱着一个小孩，一手领着一个小孩往前跑，齐军将要赶上她时，她丢下了抱着的小孩，抱起她牵着的小孩往山上跑去。那个被丢下的孩子哭着跟着跑，但那妇女只管往前跑而没有回头。齐国将领问小孩道："那个跑的人是你的母亲吗？"小孩子说："是的。""你母亲抱着的是谁的孩子？"小孩子说道："不知道。"于是齐国将领追上去，军士拉开弓，准备放箭射那个妇女，大叫道："站住！要是再跑，我们就要放箭射你了！"妇人这才转过身来。齐国将领问她抱的孩子是谁，扔下的孩子又是谁。妇女回答道："抱着的是我哥哥的儿子，丢下的是我自己的孩子。我看见追兵来了，又抱不动两个孩子，所以就丢下我自己的孩子。"齐国将领问道："孩子对母亲来说，是最亲爱的人，最心疼的人，现在你丢下自己的孩子，反而抱着哥哥的孩子跑，这是为什么？"妇人回答说："对我自己的儿子，是私爱，而爱护哥哥的孩子是公义，违背公义而偏向私爱，牺牲哥哥的孩子保全我的孩子，即使幸存，鲁国君主也不会收留我，大夫们也不会养护我，百姓国民也不会理我。这样的话，我在鲁国就是耸着肩膀也没有容身之地，叠着双脚也没有立足之地。我的儿子虽然痛苦，难道这对义有什么影响吗？所以我忍痛抛弃了自己的孩子去遵从道义，我不能无视道义而生活在鲁国。"于是齐国将领按兵不动，派人对齐国君主说道："鲁国不可以讨伐，大军才刚到边境地带，山野的女人都知道持节行义，不以私害公，更何况是鲁国的朝臣大夫呢？请求撤兵吧。"齐国君主答应了他。鲁国君主听说这件事后，赏赐给这个妇人百匹锦帛，称她为"义姑姊"。鲁义姑姊公正诚信，敢于行义。义的作用真的很大啊！一个村妇行义，影响到一个国家的存亡，更何况是以礼仪和道义治理国家呢？《诗经》中说："德行正直高大，四方之人都顺从。"说的就是这个意思。

2. 文姬保弟

初，固既策罢①，知不免祸，乃遣三子归乡里。时，燮②年十三，姊文姬为司郡赵伯英妻，贤而有智，见二兄归，具知事本③，默然独悲曰："李氏灭矣！自太公已来，积德累仁，何以遇此？"密与二兄谋豫藏匿燮，托言还京师，人咸信之。有顷④难作，下郡⑤收固三子，二兄受害。文姬乃告父门生王成曰："君执义先公，有古人之节。今委君以六尺之孤，李氏存灭，其在君矣。"成感其义，乃将燮乘江东入下，入徐州界内，令变名姓为酒家佣，而成卖卜⑥于市。各为异人⑦，阴相往来。

燮从受学⑧，酒家异之，意非恒人，以女妻燮。燮专精经学。十余年间，梁冀既诛而灾眚⑨屡见。明年，史官上言宜有赦令，又当存录大臣冤死者子孙，于是大赦天下，并求固后嗣。燮乃以本末告酒家，酒家具车重厚遣之，皆不受，遂还乡里，追服⑩。姊弟相见，悲感傍人。既而戒燮曰："先公正直，为汉忠臣，而遇朝廷倾乱，梁冀肆虐，令吾宗祀血食将绝。今弟幸而得济，岂非天邪？宜杜绝众人，勿妄往来，慎无一言加于梁氏。加梁氏则连主上，祸重至矣。唯引咎⑪而已。"燮谨从其诲。

（选自《后汉书·李杜列传》）

---

① 策罢：犹策免。

② 燮：音 xiè。

③ 事本：事情的原委。

④ 有顷：不久。

⑤ 下郡：古代的行政区域。

⑥ 卖卜：以占卜谋生。掇：音 duō，拾取。

⑦ 异人：他人；别人。

⑧ 受学：谓从师学习。

⑨ 灾眚：音 zāi shěng，灾殃，祸患。

⑩ 追服：丧期过后补行服丧。

⑪ 引咎：把过失归于自己。

【译文】

（汉朝时）起初，李固被免官，知道不能免除灾祸，于是就安排三子回归乡里。当时，小儿子李燮十三岁，姐姐李文姬是司郡赵伯英的妻子，贤明而且有智慧，见两位兄长回来了，知道了事情的原委，暗自悲伤说："李氏要灭了！自太公已来，积德累仁，怎么能遭受这样的事情呢？"私下里与两位兄长预先商量藏匿李燮，托话说李燮回到了京师，人们都相信了。不久，灾难到来，州郡抓捕李固三个儿子，两位兄长（李基、李兹）都死在狱中。李文姬秘密地将这个小弟弟托附给父亲李固的学生王成，并对他说："先生您对我的先父坚守门生之义，有古人的节操，今天，我以六尺之孤儿拜托给您，李氏的存亡，就在您的手里了。"王成感激其义，就带着这个孩子渡江而去，进入到徐州地界，让他改名换姓来到一个酒家当了一名佣人，王成在闹市以占卜谋生。表面上形同路人，私下悄悄往来。

李燮随从老师学习，那酒家的老板看李燮言行举止十分有气度，全然不像乡下粗俗人，便将女儿嫁给了他。李燮专心精研经学。大致十多年后，梁冀虽已经被诛杀，然而灾祸屡屡出现。第二年，史官向皇上进言应该有赦令，又应当存恤录用大臣冤死的后世子孙，于是大赦天下，并求李固的后嗣。李燮于是把事情原委告诉了酒家，酒家准备了车马厚礼供李燮使用，燮都不接受，于是回到了自己的家乡，重新为父亲服丧。姐弟相见，悲痛万分，感动了路旁的人。然而李文姬训勉弟弟说："我们的先父正直，是汉朝的忠臣，然而却遭遇朝廷倾乱，梁翼放肆暴虐，让我们宗祀血脉都快断绝了。现在弟弟幸运的得到存活，难道不是天助？你要杜绝众人，不要轻易往来，不要对我们的杀父仇人梁氏有所怨言。如果言及梁氏就会牵涉到皇上，这样，又会惹上灾祸。只是把过失归于自己罢了。"弟弟听从了她的劝告，一直都谨慎行事。（到了汉灵帝的时候，他被任命为河南尹。）

附十二：姑嫂七人

1. 邹娸引过

宋邹娸，为继母之女。前母兄娶荆氏，继母虐之，娸辄掩护。后嫁士人，内外称其贤。及归宁^①，抱数月儿，嫂置诸床。儿堕火，烂额死。母大怒，娸曰："女自卧儿于嫂室，嫂不知也。"荆悲悔不食，娸不哭。且曰："我梦儿当死也。"强嫂食而后食，后生五子，四登进士。年九十三而卒。（选自《德育课本》）

【译文】

宋朝时，有个叫邹娸的，她是后母所生的女儿。她嫡母所生的哥哥，娶了妻子荆氏，后母苛刻、虐待荆氏。邹娸常常遮掩嫂子的过失，保护嫂子。后来邹娸嫁给读书人做妻子，人们都说她贤德。邹娸回娘家来探望母亲，抱了才生下几个月的儿子同来。她的嫂嫂就抱了来，把孩子放在床上。不小心小孩跌在火里了，烧烂了额角死去。邹娸的母亲知道了，非常的生气。邹娸就说："是我自己让小孩睡在嫂子房里的，嫂子不知道。"她的嫂嫂荆氏，一方面悲痛，一方面懊悔，就不吃饭了。邹娸装作不悲伤的样子，一声也不哭，并且说："我以前做梦就晓得这个儿子活不长。"硬要嫂嫂吃饭，然后自己才吃。后来邹娸接连生了五个儿子，有四个都中了进士。自己活到九十三岁才去世。

2. 陈王堂前

陈堂前^②，汉州雒县王氏女。节操行义，为乡人所敬，但呼曰"堂前"，犹私家尊其母也。堂前年十八，归同郡陈安节，岁余夫卒，仅有一子。舅姑无生事，堂前敛泣告曰："人之有子，在奉亲克家尔。今已

---

① 归宁：回家省亲。多指已嫁女子回娘家看望父母。

② 堂前：是四川人对母亲的尊称。

无可奈何，妇愿干蛊①，如子在日。"舅姑曰："若然，吾子不亡矣。"既葬其夫，事亲治家有法，舅姑安之。子曰新，年稍长，延名儒训导，既冠，入太学，年三十卒。二孙曰纲曰绂，咸笃学②有闻。

初，堂前归陈，夫之妹尚幼，堂前教育之，及笄③，以厚礼嫁遣。舅姑亡，妹求分财产，堂前尽遗室中所有，无靳色④。不五年，妹所得财为夫所罄，乃归悔。堂前为买田置屋，抚育诸甥无异己子。亲属有贫窭不能自存者，收养婚嫁至三四十人，自后宗族无虑百数。里有故家⑤甘氏，贫而质其季女于酒家，堂前出金赎之，俾有所归。子孙遵其遗训，五世同居，并以孝友儒业著闻。乾道九年，诏旌表其门闾云。（选自《宋史·列女传》）

【译文】

南宋陈堂前，是四川汉州雒县一王姓家女儿。陈氏有操守，行为合乎礼义，为乡人所敬重，就称其为"堂前"，就像称呼自己的母亲一样。十八岁那年嫁给同乡陈安节为妻，刚结婚一年，丈夫就去世了，只留下一个儿子。丧子之痛使公婆没有活下去的心思。陈堂前哭泣着说："人家有儿子可以对父母尽孝，今日已经无可奈何，儿媳愿代替丈夫对父母尽孝，就像安节在的时候一样！"公婆听了说："若能如此，我的儿子没有去世啊。"埋葬了丈夫以后，侍奉双亲、治理家务皆有法度，公婆也就心安了。陈堂前的儿子陈日新，年纪稍长，母亲就请名儒来教导，二十岁那年便进了太学，三十岁去世了。留下两个孙子，大的叫纲，小的叫绂，这两个孙子专心好学，成了有名的大学问家。

① 干蛊：指"干父之蛊"谓儿子能继承父志，完成父亲未竟之业。亦省作"干蛊"。此地指代替丈夫行孝。

② 笃学：专心好学。

③ 笄：音 jī，古代特指女子十五岁可以盘发插笄的年龄，即成年。

④ 靳色：舍不得的神情。

⑤ 故家：原来的家庭；旧居。

堂前刚嫁到陈家来的时候，小姑还很幼小，堂前教养着小姑。到了成年要出嫁的时候，为小姑准备了很丰厚的嫁妆。后来公公婆婆过世以后，小姑回娘家要求分父母的遗产，堂前就把家中所有的东西都给了小姑，没有一点舍不得的意思。不到五年，小姑得到的财产被丈夫全都用光了，小姑回娘家后后悔。堂前就买了田、造了屋来安顿他们，并且抚养着外甥无异于自己儿子。亲属有穷得无法自立，堂前就收养了教育他们，并为他们成家立业，受了堂前恩惠的竟有三四十个人，自此以后宗族里无忧虑的达到百数。其中有旧居甘氏，由于贫穷，把自己的小女儿典当在酒家，堂前出资赎了回来，并使其有所归宿。后来她的子孙都遵从她的教诲，五代同堂，并且个个对父母很孝顺，对兄弟很友爱。在乾道年间，朝廷表扬了他们全家。

3. 欧阳贤嫂

欧阳氏，宋人，适廖忠臣。踰年而舅姑死于疫，遗一女闰娘，才数月。欧阳适生女，同乳哺之。又数月，乳不能给^①，乃以其女分邻妇乳，而自乳闰娘。二女长成，欧阳于闰娘每倍厚焉。女以为言，欧阳曰："汝，我女。小姑，祖母之女也。且汝有母，小姑无母，何可相同？"因泣下，女愧悟，诸凡让姑而自取余。忠臣后判清河，二女及笄^②，富贵家多求侄氏。欧阳曰："小姑未字，吾女何敢先？且聘吾女者，非以吾爱吾女乎？"其问诸邻人，卒以富贵家先闰娘。簪珥衣服器用，罄其始嫁妆奁^③之美者送之，送女之具不及也，终其身如是。闰娘每谓人曰："吾嫂，吾母也。"欧阳殁，闰娘哭之，至呕血，病岁余。闻其哭者，莫不下泪。（选自《闺范》）

---

① 不能给：供给不足；匮乏。

② 笄：音 jī，指女子十五岁成年。亦特指成年之礼。

③ 妆奁：奁，音 lián，女子梳妆用的镜匣，借指嫁妆。

【译文】

欧阳氏是宋代人，嫁给廖忠臣。过了一年，公婆死于瘟疫，留下一个女儿叫闰娘，那时，闰娘才几个月大，欧阳氏自己恰好也生了个女儿，于是，她同时为两个孩子哺乳。又过了几个月，奶不够吃，便让自己的女儿去吃邻妇的奶，而自己的奶则给闰娘吃。两个孩子长大后，欧阳对闰娘则更加地爱护，于是她的女儿就有了怨言，欧阳氏说："你是我的女儿，而小姑是你祖母的女儿，况且你有母亲，小姑已经没有了母亲，所以，她怎么能和你相比？"说完，欧阳氏就哭了，女儿听了很惭愧，并有所感悟。后来，她有好东西都乐意让给小姑，自己都用小姑剩下的。后来，廖忠臣到清河上任，两个女子也都到了出嫁的年龄，而富贵人家大多想聘求欧阳的女儿。欧阳说："小姑还未嫁人，我女儿怎敢先出嫁？而聘求我女儿的人，莫非误认我比较厚待女儿？"她向邻人探问之后，将闰娘优先许配给富贵人家，尽量将自己出嫁时比较好的簪子、耳环、衣服、用具等送给闰娘作嫁妆，而自己女儿的嫁妆就远远比不上闰娘了，她始终如一地厚待闰娘。闰娘常常对人说："我的嫂嫂就是我的母亲。"欧阳氏去世后，闰娘悲哀痛哭以致吐血，病了一年多，听到哭声的人，无不感动得掉泪。

4. 吴邱出资

元吴世昌妻邱氏，阳谷人。成童①失父，佐诸兄奉母，以孝悌闻。世昌以明经为浙江举首，委禽②焉。既归，奉舅姑，和先后，毕中矩矱③，无逾节。夫有姊，出适，举所赍④资予之。吴同爨⑤三百指，邱主家

---

① 成童：年龄稍大的儿童。

② 委禽：下聘礼。

③ 矩矱：规矩，法度。矱，音 yuē。

④ 赍：音 jī，拿东西给人，送给。

⑤ 爨：音 cuàn，烧火做饭。

政，洪纤^①费皆所自出。视群从之子，犹己子也。日聚家塾中，执经^②羞服^③如一人。岁大俭，道殣^④相望，缩衣食以赡族姻^⑤，人尤以为难。(选自《德育课本》)

【译文】

元朝时候，有个吴世昌的妻子邱氏，阳谷人。在她少年时，父亲就过世了，她就协助哥哥侍奉母亲，孝悌之名在当地广为流传。那时候吴世昌先中了秀才，后来又考取了浙江第一名的举人，于是就下了聘礼给邱家。等到结婚以后，邱氏侍奉公公婆婆，对待上上下下的人都很有规矩，没有逾越礼法的地方。她丈夫有个姐姐，出嫁的时候，邱氏就把自己储蓄的钱财都给了她。吴家一同吃饭的有三百多人，邱氏管理着上下三百多人的饮食起居，一切大小的费用都由她自己负担。她对待堂侄儿们好像自己亲生的一般，每天一同在家塾里面读书，吃穿和自己孩子都一样。有一年，年成饥荒，路上到处都是饿死的人，邱氏就减衣节食，周济亲族。大家都认为这是难能可贵的。

5. 秀姑友恭

晋刘琪女，名秀姑。早丧父母，年逾二十未嫁。在家事兄嫂，甚敬。有弟二人幼弱无依，秀姑为抚育成人，待之甚慈爱。后适^⑥王桂林，官至词部郎^⑦。生子三，均显贵。秀姑享寿至八秩^⑧，尚康宁无恙，人咸以为友爱兄弟之报。(选自《德育课本》)

---

① 洪纤：大小，巨细。

② 执经：读书。

③ 羞服：饮食和衣服。

④ 殣：音 jìn，饿死。

⑤ 族姻：家族和姻亲。

⑥ 适：女子出嫁。

⑦ 词部郎：官名。

⑧ 秩：十年为一秩。

【译文】

晋朝时，刘琪有个女儿名叫秀姑。早年父母便亡故了，刘秀姑年纪过了二十岁，还没有嫁人。秀姑在家里，服侍她的哥哥和嫂子很恭敬。她还有两个弟弟，年纪都很小，没有可以依靠生活的人。秀姑就抚养他们俩长大成人，对待他们很慈爱。后来秀姑嫁给了王桂林，丈夫的官做到礼部侍郎，生了三个儿子，个个都做了官，很显贵。刘秀姑活到八十岁，还很康健，没有一点疾病。当时的人都说这是她敬重哥嫂、爱护弟弟的果报。

6. 韩郑鞠叔

唐韩会妻郑氏，愈之嫂也。愈生甫晬①，失怙恃②，郑鞠③之。念寒而衣，念饥而食，劬劳④闵闵⑤也。愈未齿，从兄官泰州。兄坐谤，迁韶州以卒。去故乡万里，幼孤匍匐不能归，郑拮据备至，竟以丧返葬。尝抚其子，指愈而泣曰："韩氏两世独此耳。"流涕滂沱，若不自胜。诲导愈，勖⑥之成立。后为大儒，嫂之力也。及卒，愈哭之，绝而后苏。（选自《德育课本》）

【译文】

唐朝韩会的妻子郑氏，是韩愈的嫂嫂。韩愈生下来才一周岁的时候，失去了父母，由嫂嫂郑氏抚养着韩愈。天冷了就赶紧给他添衣服，肚子饿了就给他做可口的饭菜，郑氏每日都很辛苦地照顾着韩愈的生活起居。韩愈在年幼的时候，跟着哥哥到泰州上任，后来哥哥遭到诽谤，

---

① 晬：音 zuì，古代称婴儿满一百天或一周岁。

② 怙恃：音 hù shì，父母的合称。

③ 鞠：养育，抚养。

④ 劬劳：劳苦，劳累。劬，音 qú。

⑤ 闵闵：关切的样子。

⑥ 勖：音 xù，勉励。

被贬到韶州后死了。韶州离家乡有上万里的路，孩子很小刚会爬行不能回家，郑氏处在非常艰难困苦的境地，但是她还是带着儿子和丈夫的灵柩，回到家乡安葬了。曾用手抚摸着儿子，并且指着韩愈，流着眼泪万分凄楚地说："韩家两代只剩你们两个孤苦伶仃的叔侄了。"说到这里，眼泪止不住像雨一般的落下来。郑氏教诲韩愈，勉励他不断上进。韩愈后来成为一代大儒，这都是嫂嫂的功劳啊！等到郑氏过世的时候，韩愈伤心得昏过去好几次。

7. 魏王谢过

明魏钟偶失于其兄，妻王氏闻之，治具①延兄，为夫谢过，呼二儿使侍食焉。兄镛固俊爽士，叹曰："吾闻兄弟之好，以妇人败，未闻以妇全也。吾弟妇其贤矣哉。"一日，钟嗛②其表兄之子，曰："卑幼也，乃数犯我。"王氏曰："君母族惟一息耳，奈何不能宽容？"钟瞿然③称善。后孙校成进士，即庄渠先生。人咸论其为母德所致云。（选自《德育课本》）

【译文】

明朝时候，魏钟偶然得罪了哥哥，给妻子王氏知道了，特地备好了酒菜邀请哥哥，替丈夫谢罪，并且叫来两个儿子，侍候大伯吃饭。魏钟的哥哥魏镛，本来就是个通达直爽的人，见了弟妇这个样子，感叹地说："我知道兄弟感情的破裂，多半是妇人从中挑拨，从来没有听过妇人成全兄弟感情的。我的弟妇，真是贤德的人呀！"有一天，魏钟不满他表兄的儿子，说："他是一个年轻的小辈，竟敢屡次来冒犯我。"王氏听了，就对丈夫说："你的母亲家里，只剩这一个可怜的人了，为什么不宽恕他呢？"魏钟听了很惊讶，对妻子连连称善。后来，她的孙子魏校中了进士，就是有名的庄渠先生。人们都说这是王氏积下的德。

---

① 治具：备办酒食。
② 嗛：音 qián，怀恨。
③ 瞿然：惊讶的样子。

附十三：妯娌四人

1. 郑徐二难

唐张孟仁妻郑妙安，仲义妻徐妙圆，皆敦义睦。徐富郑贫，各忘形迹[①]，从不以事介嫌。恒一室纺织，有所馈[②]，俱纳于姑，不私为己有。郑归宁，徐乳其子。徐归宁，郑亦如之。不问孰为己子，子亦不辨孰为己母。家猫为人窃去，犬哺其儿，人谓和气所感，上表其门曰"二难"。
（选自《德育课本》）

【译文】

唐朝张孟仁的妻子郑妙安，张仲义的妻子徐妙圆，她们都力行道义，相处很和睦。虽然徐家富，郑家穷，但是她们从来不把这些放在心上，所以妯娌间并没有见外。她们时常在一间房子里面纺纱织布，得到了他人赠送的东西，就都送到婆婆那里，自己从不私藏。郑妙安回娘家去，徐妙圆就给郑妙安的孩子喂奶。徐妙圆回娘家去，郑妙安也同样给徐妙圆的孩子喂奶。大家不管哪一个是自己的儿子，总是一样看待。小孩子也分不出究竟哪一个是自己的母亲。有一天，家里的大猫给人家偷去了，家里的狗就来饲养小猫，给它喂奶。别人都说，这是被郑妙安和徐妙圆两个人和气所感化的。皇帝得知了，就写了"二难"两个字，题在张家的门前。

2. 少娣化嫂

苏少娣，姓崔氏。苏兄弟五人，娶妇者四矣，各听女奴语，日有争言，甚者阋墙[③]操刃。少娣始嫁，姻族皆以为忧，少娣曰："木石鸟兽，吾无如彼何矣，世岂有不可与之人哉！"入门，事四嫂执礼甚恭，嫂有

---

① 形迹：见外、见疑。

② 馈：赠送。

③ 阋墙：阋，音 xì，指兄弟之间不和。又常比喻内部矛盾，有不和；内讧。

缺乏,少娣曰:"吾有。"即以遗之。姑有役其嫂者,嫂相视不应命,少娣曰:"吾后进当劳,吾为之。"母家有果肉之馈,召诸子侄分与之。嫂不食,未尝先食。嫂各以怨言告少娣者,少娣笑而不答。少娣女奴以妯娌之言来告者,少娣笞之,寻以告嫂引罪。尝以锦衣抱其嫂小儿,适便溺,嫂急接之,少娣曰:"无遽,恐惊儿也。"了无惜意。岁余,四嫂自相谓曰:"五婶大贤,我等非人矣,奈何若大年,为彼所笑。"乃相与和睦,终身无怨语。

吕氏曰:天下易而家难,家易而妯娣难。专利、辞劳、好谗、喜听,妇人之常性也。然始于彼之无良,成于我之相学。三争三让,而天下无贪人矣。三怒三笑,而天下无凶人矣。贤者化人从我,不贤者坏我犹人,吾于苏少娣心服焉。(选自《闺范》)

【译文】

宋朝时,苏少娣娘家本姓崔。苏家有兄弟五人,四个哥哥已经娶妻了。苏家四房的媳妇听信奴婢的闲话,常常争吵,甚至到了互相动刀子的地步。当少娣出嫁的时候,崔家的亲戚族人都为她担心,少娣说:"如果是木头、石头、鸟、兽,我可能没有办法跟它相处,可是天底下哪有不能相处的人呢?"

少娣嫁到这家来之后,对四个嫂嫂非常恭敬,嫂嫂缺什么东西,她马上说:"我有。"于是马上拿给她们。婆婆有事叫嫂嫂们做,她们互相看视都不去做,少娣就说:"我是后来的,应该多做一点儿,我来做!"娘家如果有一些糖果之类礼品送来,她一定是先分给四个哥哥的孩子。吃饭的时候,只要嫂嫂还没动筷子,她就不敢先吃。如果是嫂嫂各自以埋怨的言语告诉少娣,少娣总是笑而不答。少娣的丫环向少娣报告妯娌们讲的坏话,少娣听了,把丫环打了一顿,然后,带着她到嫂嫂面前认错。有一次,她刚刚穿了一件锦缎的新衣服,抱着嫂嫂的儿子时,正好孩子撒尿了,嫂嫂一看,马上就要跑过去接。少娣说:"不急,轻一点儿,不要惊动孩子。"完全没有去可惜新衣服的意思。过了一年,那四个嫂嫂都互相说："五婶是大贤人，我们简直不像个人！怎奈我们这么大年纪，还因为互相嫉妒、争吵，而被人耻笑。"从此以后，这妯娌之间就能够和睦相处，再也没有互相抱怨，说闲话的了。

吕坤说：治理天下容易，治理家庭困难，家里和睦容易，妯娌相处困难。专好利益，推辞家务，轻信谗言，爱听好话，这些往往是妇人的通病。开始的时候，她们都有这些通病，可后来，她们都愿意向我学习，她们三争我三让，这样，天下便无贪心之人了，她们三怒我三笑，这样，天下就没有凶恶之人了，贤德的人能感化他人，让他人来学自己的贤德，而不贤德的人则会破坏自己的品行，就像破坏别人一样。我对苏少娣心悦诚服！

3. 王木叔妻

何氏，永嘉王木叔妻也，初归王氏，家甚贫，何氏佐以勤俭，家用遂饶。一日语夫曰："子可出仕，奈弟妹贫寒何，橐^①中余资，久蓄奚益？请以分之。"夫喜曰："是吾志也。"旦日尽散，簪珥^②不遗。木叔既仕，又曰："弟妹尚困，有田如许，何不畀之？"夫喜曰："此尤吾志也。"遂以田与弟妹。一郡称为贤妇。

吕氏曰：憎同室而专货利，妇人莫不尔，欲其彼我分明，已难。况尽推所有以与弟妹乎？其夫喜而从之，友于可槩^③知矣。（选自《闺范》）

【译文】

宋朝，何氏是永嘉县王木叔的妻子，刚嫁到王家时，家境贫寒，但何氏勤俭持家，慢慢地，家里宽裕了起来。有一天，她对丈夫说："你可以出去谋官，但弟妹还很贫寒，而我们家里多出的钱留着也没什么用，不如分给他们。"丈夫听了，高兴地说："我也正有此意。"一天之

---

① 橐：音 tuó，囊也。《说文解字》按，小而有底曰橐，大而无底曰囊。
② 簪珥：音 zān ěr，发簪和耳饰。古代多为高贵妇女的首饰。
③ 槩：古通"慨"，感慨。

内，便将家财全部分给了弟妹，连簪子、玉石、耳环都不留下。后来，丈夫做了官，妻子又说："你做了官，可弟妹还很贫穷，我们还有些良田，何不送给他们耕作？"丈夫听了，很高兴，说道："这更合我的意思！"于是，又将田产分给了弟妹，听说此事，一郡的人都称赞何氏是贤德的妇人。

吕坤说：憎恶同族兄弟姐妹而吝惜自己的财产，妇人大多如此，要让她们将财产彼此分明，不去贪别人的，已经很困难了。更何况将所有财产分给弟妹呢？而她的丈夫也乐意这么做，其兄弟之间的情谊也就可想而知了。

4. 朱戚广悌

宋朱震亨母戚氏，蚤^①寡，家单甚，艰勤憔悴。孝事舅姑，教子义方，遇娣姒和，视姒子如己子。理家政井井，稍益裕。父贞孝先生绍，贫且病，迎就养。留十年而卒，不以丧葬为昆弟^②费，悉疕^③之。母兄死，育其三孤。朱氏群从女，贫不能行者，毕抚嫁。婺^④俗贫家产子多，辄溺之不举。戚以伦理训饬^⑤，以粟帛伙^⑥之，赖以生者甚众。（选自《德育课本》）

【译文】

宋朝朱震亨的母亲戚氏，年轻的时候就守寡了，家境很不好，她艰难地支撑着整个家。侍奉公婆很孝顺，教育儿子有法度，戚氏对待娣姒们都很和气，看待侄儿好像亲生的一样。她把家里料理得井井有条，因

---

① 蚤：音 zǎo，通"早"。
② 昆弟：兄弟。
③ 疕：音 pǐ，治理，办理。
④ 婺：音 wù，水名，在中国江西省。
⑤ 饬：音 chì，告诫，命令。
⑥ 伙：音 cì，帮助，资助。

此一天天也变得富裕起来。她的父亲贞孝先生名绍，家里很穷，又生了病，她就接来细心奉养。过了十年，父亲过世，她不想因丧葬加重家中兄弟们的负担，就承担了一切丧葬费用。后来同母的哥哥死了，她就抚养着他的三个孤儿。朱家有好几个堂侄女，家里很穷，她就接来抚养，并且把她们一个个都嫁了出去。那时婺州有个习俗，贫苦人家如果儿子生得太多了，就把他们溺死。戚氏就用人伦的大道理去训导他们，并且拿了米和布去帮助他们养育孩子，因此靠着她生活的人很多。

附十四：嫡妾二人

1. 李郑金钗

【原文】

明太保李燧①妻郑氏，生一子继先。即为燧纳侧室，生子继光。郑氏亲抱育之，爱如己出。嗣后②继先为吏部主事，欲求其母之金钗，以为长孙纳妇，郑氏不允。旋③出以助继光婚，或问之，郑氏曰："继光无私财，且孙，稚子耳，迟之可也。"继先稍营家产，郑氏不悦，曰："我常忧吾家福优于德，今复求增乎？"人皆谓郑氏能识大体。（选自《德育课本》）

【译文】

明朝太保李燧的妻子郑氏，生了一个儿子，名叫李继先。她又给丈夫李燧娶了个侧室，生了一个儿子，取名李继光。郑氏亲自抚育他，对待李继光像亲生一般的爱护。后来李继先做了吏部主事官，想要郑氏的金钗去给儿子娶妻，郑氏没有答应。但是没多久却把那只金钗给了李继光去娶妻，有人问她这是什么缘故。郑氏说："继光没有什么积蓄，况

① 燧：音 suì。

② 嗣后：以后。

③ 旋：不久。

且孙子年纪还小，叫他迟一步，有什么关系呢？"李继先稍稍增多家产，郑氏就很不高兴地说："我常常忧惧着我们家里的福报已经大过德行了，怎么能再增加呢？"人们都赞美郑氏，说她是一个识大体的妇人。

2. 季吴畀田

明季在常妻吴氏，崇仁人。归季后，生有三子，俱已授室分炊矣。而在常复纳一妾，后生一子。及疾革①，在常嘱吴氏曰："善抚此子。"吴氏奉命惟谨②。在常卒，吴氏引妾同居一室，调护③其子，无异己出。后三子欲共分余产。吴氏曰："此田乃汝父留以畀妾子者。吾若听汝辈分之，则是我无夫，而汝辈无父矣。"三子乃止。（选自《德育课本》）

【译文】

明朝时候，季在常的妻子吴氏，是崇仁人。嫁到季家以后，生了三个儿子，都已娶了妻子分出去住了。后来季在常又娶了一妾，生了一个儿子。季在常病重的时候，嘱咐吴氏说："我死后请你好好地照顾这个孩子。"吴氏表示一定遵照丈夫的吩咐。季在常死后，吴氏就把侧室接来了，住在一个房子里，照顾抚养她的儿子，好像自己亲生的一样。后来三个儿子要分剩下来的家产，吴氏说道："这些田产是你们的父亲特地留给侧室和她的儿子的。假使我答应你们的要求，把这些田产分了，那是我背弃了丈夫，你们背弃了父亲啊，这怎么可以呢？"于是三个儿子也就不分家产了。

第三节　夫妇

所谓"家和万事兴"，男子事业上的成功，由妇女作后盾，好比天

---

① 疾革：病情危急。
② 奉命惟谨：形容严格遵照命令行事，不敢稍有违背。
③ 调护：调教养护。

空的气象万千，由大地来承载。妇人柔顺，尽责，便是一家人的福分，家族兴旺，平安无事。夫妇是人伦中的根本伦常，为人父母，想要儿女夫妇和谐，应当教育儿子为人夫之道，应当教会女儿如何做人，教育女儿如何做妻子的本分，为他们奠定一生幸福人生的基础。

婚礼，是一个女子的终点，为他人妇之开始。谚语称："教妇初来"，指当女子刚嫁入门时，容易教她持家之道。两个来自于不同家庭的人，每个家有不同的家风以及生活习性，端正家风的办法，就是刚娶回媳妇的时候就要善加教育，因为这个时候尚有敬畏心。作为婆婆，要具备母仪风范，供全家女子仿效，作为媳妇，遵循妇道，孝公婆、敬丈夫、和妯娌、惠婢仆、睦邻居，体贴照顾一家人的生活。作为丈夫，应当引导妻子，为妻子做表率。《诗》云："刑与寡妻，以御于家邦，明政化之本，由近及远。"寡妻指嫡妻。刑，表率、模范的意思。御，治理、整顿。指周文王能施行仪法，先于妻子，再及于兄弟手足。先把家庭整顿好，才能把国家统治好。如果一开始就娇惯妻子，以至于妻子放荡恣肆，不可遏制。这并不是一朝一夕就会出现这样的情况的，而是从一开始就没有管好的结果。从前虞舜身为平民的时候，亲自在田泽之中种田养鱼。他娶了天子的两个女儿做妻子，但能让她们在公婆面前履行妇道，如果不是他自己躬行礼义，妻子能做到这些吗？

附十五：夫妇六人

1. 孟母教子

孟子既娶，将入私室，其妇袒①而在内，孟子不悦，遂去不入。妇辞孟母而求去，曰："妾闻夫妇之道，私室不与焉。今者妾窃堕在室，而夫子见妾，勃然不悦，是客妾也。妇人之义，盖不客宿，请归父母。"

① 袒：脱去上衣，露出身体的一部分。

于是孟母召孟子而谓之曰："夫礼，将入门，问孰存^①，所以致敬也。将上堂，声必扬，所以戒人也。将入户，视必下，恐见人过也。今子不察于礼，而责礼于人，不亦远乎？"孟子谢，遂留其妇。君子谓孟母知礼，而明于姑母之道。（选自《列女传·母仪传·邹孟轲母》）

【译文】

孟子成婚后，一天他到卧室里去，正好碰上妻子脱去上衣，露着身子，孟子不高兴，转头就走了。他的妻子便拜辞婆婆孟母，请求让她回娘家去，并说："妾听说夫妻相敬如宾的礼节，在卧室中是不包括的。今天我在卧室里躺着，我丈夫看见后十分不高兴，把妾当成在这里寄住的外人。作为妇人，是不能在别人家里住宿的。请让我回我父母家吧。"于是孟母把孟子叫到跟前，对他说道："按照礼法来说，人快要进门的时候，要问一下谁在屋里面，以表示恭敬。快走进厅堂的时候，就要发出声音，用来通知别人。进到别人家里面，眼睛要往下看，唯恐看到别人的隐私。今天你不但不遵守礼法，反而还要责备别人失礼，不是与礼节相差很远了吗？"孟子连忙道歉，于是挽留妻子。君子称赞孟母知道礼节，也懂得婆媳相处的方法。

2. 鲁师春姜

鲁师春姜嫁其女，三往而三逐。春姜问其故，以轻侮其室人^②也。春姜召其女而笞^③之，曰："夫妇人以顺从为务。贞悫^④为首。今尔骄溢不逊以见逐，曾不悔前过。吾告汝数矣，而不吾用。尔非吾子也。"笞之百，而留之三年，乃复嫁之。女奉守节义，终知为人妇之道。

今之为母者，女未嫁，不能诲也。既嫁，为之援，使挟己以凌其婿

---

① 孰存：谓谁在里面。

② 室人：主人，泛指家中的人。

③ 笞：音 chī，用鞭杖或竹板打。

④ 悫：音 què，诚实，谨慎。

家。及见弃逐，则与婿家斗讼。终不自责其女之不令也。如师春姜者，岂非贤母乎？（选自《温公家范》）

【译文】

鲁国女师春姜嫁出去自己的女儿，三次送到婆家，三次都被赶回了娘家。春姜询问婆家其中的缘故，婆家的人回答说她经常轻慢、侮辱丈夫和婆家的人。于是春姜把女儿叫来，一边鞭打，一边教训说："作为人妇最大的美德就是要顺从，首先要忠贞诚实，现在你因为傲慢无礼被驱逐回家，几次都不能悔过。我已经和你讲过好几次了，你却不能听我的话。既然这样，你就不是我女儿了。"鞭打女儿上百下，并留女儿在家住了三年。三年后再次出嫁，女儿恪守礼义，终于知道为人妇的道理了。

现在做母亲的却往往做不到这些，女儿在未出嫁之前就不能教诲；既出嫁之后，又做女儿的后台，让女儿依仗娘家的势力去欺凌女婿家。等到女儿被婆家驱逐回娘家，则又兴师动众，与人家打斗或公堂争讼，就是不去责怪自己的女儿不守妇道。这样对比起来，师春姜难道不能被称为贤母吗？

3. 鲁氏戒食

张侍制[①]夫人鲁氏，申国夫人之姊也。最钟爱其女，然居常至微细事，教之必有法度。如饮食之类，饭羹[②]许更益，鱼肉不更进也。及幼女嫁吕荣公，一日夫人来视女，见舍后有锅釜[③]之类，大不乐。谓申国夫人曰："岂可使小儿辈私作饮食，坏家法耶！"其严如此。

吕氏曰：妇人之于女也，在家恣[④]其言动，以嬉狎[⑤]为欢。既嫁，

---

① 侍制：北宋官职名称。

② 羹：和味的汤。

③ 釜：无脚之锅。

④ 恣：放纵，无拘束。

⑤ 狎：亲近而态度不庄重。

美其衣食，惟餍足是遂。见姑便以锅釜，惟知感恩，又安问家法可否耶？若鲁氏者，可为妇人爱女之法。（选自《闺范》）

【译文】

北宋时，张侍制的夫人姓鲁，她是申国夫人的姐姐。她最疼爱的是她的女儿，但是对女儿生活上的许多细微的小事，都教育她要合乎礼教法度。例如饮食之类的事，饭和汤可以增加、多吃点，但鱼和肉就不能再增加。后来这个小女儿嫁给吕荣公，一天夫人来看望女儿，发现她的屋后有锅釜等炊事用具，非常不高兴。便对妹妹申国夫人说："怎能让这些小辈们私自做炊食，败坏家法呢？"可见她治家的作风是这样的认真严肃。

吕坤说：一般妇人对于女儿比较放任，在家中放纵她们的言语行为，任其嬉戏快乐。嫁人以后又让她们尽量吃穿享受，满足她们的要求。若看见婆婆为她们设了锅灶，只有感恩的意思，又怎会问是否合乎家法呢？只有这位鲁氏夫人的言行，才可作为妇人爱护女儿的好榜样。

4. 泰姬教子

杜泰姬，汉南郑人，赵宣妻也。生七男七女，若元珪、稚珪有望，五人皆令德①。其教男也，曰："中人情性，可上下也，在其加邡②；若放而不检，则入恶也。昔西门豹佩韦以自宽，宓子贱带弦以自急，故能改身之恒，为天下名士。"戒诸女及妇曰："吾之妊身，在乎正顺。及其生也，恩存于抚爱。其长之也，威仪③以先后之，礼貌④以左右之，恭敬以监临⑤之，勤恪⑥以劝之，孝顺以内之，忠信以发之。是以皆成，而无不

---

① 令德：美德。
② 邡：音 fǎng，通"访"，谋划。
③ 威仪：古代祭享等典礼中的动作仪节及待人接物的礼仪，庄重的仪容举止。
④ 礼貌：同规矩。
⑤ 监临：监督。
⑥ 勤恪：勤勉恭谨。

善。汝曹庶几^①勿忘吾法也。"后七子皆辟命^②察举^③，牧州守郡。而汉中太守、南郑令多与七子同岁季孝上计，无不修敬泰姬，执子侄礼。（选自《华阳国志卷十下》）

【译文】

汉朝时期，杜泰姬，汉中郡南郑县人，是太守赵宣的妻子，生有七个儿子、七个女儿。若元珪、稚珪非常有声望，其余五子都有美德。

她教训儿子的重要训辞是："一般人的性情是可上可下的，就在自己注重谋划。如果放任自己而不检点克制，就必然会变成恶人。从前西门豹性情急躁，他就用软皮做的饰物佩带在腰间，来警戒自己要克制急躁。宓子贱性情懒散，他就用一张紧绷绷的弓弦做饰物佩带在腰间，来警戒自己要克制懒散。所以他们改掉自己身上长久以来的缺点，成为一个大有成就的人。"

她告诫女儿和媳妇说："我在怀孕时，在于端正身心而性情温顺。孩子出生以后，恩情就在于抚养和爱护当中。等子女懂事以后，就要陆续地教给他们庄重的仪容举止及待人接物的礼仪，以礼义规矩约束他们，监督他们的恭敬心，劝勉他们勤勉恭谨，给他们内心种下孝顺的根，用忠信来启发他们。用这样来教育都能成人，而没有不善之人。你们要记住我的教子方法，千万不要忘记。"

七个儿子后来都被举孝廉，征召，任命为官员，做州牧，做郡守。当时的汉中太守，南郑县令，多半是和她的七个儿子同年被举孝廉的人。没有不尊重泰姬的，都执子侄的礼节。

---

① 庶几：希望，但愿。

② 辟命：征召，任命。

③ 察举：古代选拔官吏的制度，由官吏荐举，经过考核，任以官职。

5. 礼珪肃穆

礼珪^①，成固^②陈省妻也，杨元珍之女。生二男，长娶张度辽女惠英，少娶荀氏，皆贵家豪富，从婢七八，资财自富。礼珪敕^③二妇曰："吾先姑，母师^④也，常言：'圣贤必劳民者，使之思善。不劳则逸，逸则不才。吾家不为贫也，所以粗食^⑤急务^⑥者，使知苦难，备独居^⑦时。'"二妇再拜^⑧奉教。从孙奉上微慢，珪抑绝之，感悟革行。遭乱流行，宗表欲见之，必自严饰，从子孙侍婢，乃引见之，曰："此先姑法也。"四时祭祀，自亲养牲酿酒，曰："夫祭，礼之尊也。"惠英亦有淑训^⑨母师之行者也。（选自《华阳国志卷十下》）

【译文】

汉朝杨礼珪，是陕西城固县陈省的妻子，杨元珍的女儿。她有两个儿子，大儿子娶了张度辽的女儿惠英做妻子，小儿子娶了荀家的女儿，两个儿媳妇娘家都非常的显贵富有，陪嫁的丫环有七八个，陪嫁的财物也很多。杨礼珪教导两个媳妇说："我去世的婆婆，是母亲的典范。常言：'圣贤让百姓勤劳，是为了让百姓形成善良的品行。不勤劳就放逸，放逸就不能成才。我们家不是因为贫穷的原因，所以把粗劣的食物当成紧要的事情，是让大家知道苦难，以备将来独居时能够适应。'"两个媳妇再次拜谢，也接受了家训。杨礼珪有个堂侄孙，侍奉尊长有些怠慢，

---

① 珪：音 guī。
② 成固：今陕西城固县。
③ 敕：音 chì，告诫。
④ 母师：母亲的典范。
⑤ 粗食：粗劣的食物。
⑥ 急务：紧急重要的事务。
⑦ 独居：长期的、独身一人居留。
⑧ 再拜：古代一种隆重的礼节，先后拜两次，表示郑重奉上的意思。
⑨ 淑训：指对女子的教育。

杨礼珪就和他断绝了来往，堂侄孙因此感到惭愧，并悔过自新。后来时局混乱，杨礼珪的一家也经常奔逃在路上，迁徙不定，有宗族或表亲想要去见她，杨礼珪一定自己先很认真地整饬一番，身后跟随着儿子、孙儿和丫头们，然后才肯见面，她说："这是我已去世婆婆的家法啊！"每逢四时祭祀祖先，一定很虔诚地用家里最好的供品，说："要晓得祭祀，是在礼法里面最尊贵的啊！"，儿媳惠英对子女的教育也有母亲典范的品行。

6. 颜游端恪

明颜从仕母游氏，怀宁人也。端庄诚恪，克勤克俭^①，督诸子学，无间昕夕^②。诸妇晨起，必整容问安否，稍懈，即以礼导之。诸子遇游氏垂询^③，必正襟以对，无敢或慢。同室数百指，平居不闻人声，里党则^④焉。后年八十余卒。（选自《德育课本》）

【译文】

明朝时候，颜从仕的母亲游氏，是怀宁地方的人。她的性情端庄，诚实恭敬，又能够勤劳、节俭。亲自监督着几个儿子读书，日日夜夜没有间断。媳妇早上起来，必定要整好妆容，到游氏面前来问安，假使稍稍偷懒了一点，游氏就用礼法教导他们。儿子们逢着母亲问的时候，必定要正了衣襟回答母亲，不敢稍稍存着怠慢的心思，游氏家里总共有几百个人，可是平常时候，并没有一些声音听到的，乡里人家，都把游家当作榜样，后来游氏的年纪，一直活到八十几岁。

---

① 克勤克俭：既能勤劳，又能节俭。

② 昕夕：朝暮，谓终日。昕，音 xīn。

③ 垂询：敬辞，称别人对自己的询问。

④ 则：效法。

第四节　朋友

朋友是人生中不可缺少的五伦关系，何谓朋友？汉儒郑玄在《周礼》的注解中说："同师曰朋，同志曰友。"同师即同门，师从同一个老师的人称为"朋"；同志谓同其心意所趣乡也，即志同道合之人称为"友"。这说明，朋的定义是指同门之谊，但如果志不同，道不合者，不能称呼为朋友。

孟母三迁告诉我们环境对人的影响很大，近朱者赤近墨者黑，因此，君子一定要慎重对待自己所处的环境。朋友是一种人文环境。人虽然有良好的资质而且有聪明的头脑，也一定要跟随明师学习，还必须选择品质优秀的朋友，并与他结交。得到侍奉明师，听到的就是尧、舜、禹、汤修身治国的正道；结交品质良好的朋友，所看到的就是忠诚、信用、恭敬、礼让的行为。自己一天天在潜移默化中进入仁义的境界而不知不觉，这是于观摩效法的结果。如果与一些品质不好的人相处，所听到的就是欺诈、虚伪的事情，所看到的就是肮脏、欺骗、下流、贪婪的行为，使自己将要受到刑罚和杀戮还不知道，这也是观摩效法结果啊。古书上说："不了解儿子，看看他的朋友就清楚了，不了解君主，看看君主左右的臣子也就清楚了。"这就是观摩效法的结果啊！

朋友如此重要，所以交友要慎重。子曰："主忠信，无友不如己者。"孔子讲"儒者交朋友，要求兴趣一致，遵循同一法则，研究道义有相同的方法。彼此有建树都感到高兴，而地位互有上下也不彼此厌弃。久不相见，听到流言蜚语也不相信。他们的行为本乎方正，建立在道义之上。志向相同就与之交往，志向不同就退而疏远。儒者交朋友的态度有这样的"。

作为父母，要监督子女的交友，让一些有德行的善友聚集相处，互相监督，互相学习，这将对子女的人生有莫大帮助。相反，如果父母对孩子和什么人在一起，置之不理、不问，要求未成年的子女自己辨别，这是极其不负责任的。

附十六：交友七人

1. 鲁季敬姜

【原文】

鲁季敬姜者，莒女也，号戴己，鲁大夫公父穆伯之妻，文伯之母，季康子之从祖叔母也。博达[1]知礼。穆伯先死，敬姜守养。

文伯出学而还归，敬姜侧目而盼之，见其友上堂，从后阶降而却行[2]，奉剑而正履，若事父兄。文伯自以为成人矣。敬姜召而数之曰："昔者武王罢朝，而结丝袜绝，左右顾无可使结之者，俯而自申之，故能成王道。桓公坐友三人，谏臣五人，日举过者三十人，故能成伯业[3]。周公一食而三吐哺，一沐而三握发，所执贽[4]而见于穷闾隘巷[5]者七十余人，故能存周室。彼二圣一贤者，皆霸王之君也，而下人如此。其所与游者，皆过己者也，是以日益而不自知也。今以子年之少而位之卑，所与游者，皆为服役[6]。子之不益，亦以明矣。"文伯乃谢罪。于是乃择严师贤友而事之。所与游处者，皆黄耄倪齿[7]也，文伯引衽攘卷[8]而亲馈之。敬姜曰："子成人矣。"君子谓敬姜备于教化。《诗》云："济济多

---

① 博达：博学通达。

② 却行：倒退而行。

③ 伯业：霸者的功业。伯，通"霸"。

④ 贽：礼物。

⑤ 穷闾隘巷：穷，偏僻；闾，里巷，胡同里边；隘，狭窄。穷闾隘巷，偏僻狭窄的闾巷，简言之，偏僻狭窄的破旮旯胡同。

⑥ 服役：弟子；仆役。

⑦ 黄耄：音 huáng mào，老年人。倪齿：倪，音 ní 通"齯"。老人齿落后又重新长出的牙齿，后以"倪齿"指高寿之人。

⑧ 引衽攘卷：衽，音 rèn；攘，音 rǎng。整衣卷袖，形容毕恭毕敬的样子。

士，文王以宁。"此之谓也。（选自《列女传·母仪传·鲁季敬姜①》）

【译文】

春秋时期，鲁季敬姜，是莒国的女子，号称戴己，是鲁国大夫公父穆伯的妻子，文伯的母亲，季康子的从祖叔母。她博学通达，知晓礼节。穆伯死得早，敬姜守寡抚养儿子。

一天，文伯外出游学回来，敬姜侧目看了看，见文伯的学友随其走上堂屋，又从后面的台阶倒退着走下，手捧剑，并摆正脱下的鞋，对他好像是事奉父兄一样。文伯自以为已经成人了。敬姜将他召来，数落道："过去周武王罢朝，脚上系袜子的丝带断了，他看看身边没有能帮忙系的，就自己低头系好，因此能够成就王业。桓公有三个能与自己争辩的朋友，五个向自己劝谏的大臣，还有三十个每天都指出自己过错的人，所以能成就霸业。周公吃一顿饭要三次将饭吐出，洗澡时要三次握着湿头发出去接见贤者，他带着礼物在穷间隘巷里拜见了七十多人，因而得以延续了周朝。这两位圣君和一位贤臣，都是霸主，却这样礼贤下士。他们所结交的人，都是超过自己的人，因此他们就在不知不觉中强大起来。如今你年纪小，地位低，所交往的人，都是仆人，你将来不会日渐强大的，这是很显而易见的。"文伯向母亲承认错误，自此之后开始选择严师贤友，并事奉他们，他所结交的都是德高望重的人，文伯整衣卷袖亲自馈赠他们礼物。敬姜说："你长大了。"君子称赞敬姜善于教化。《诗经》中说："贤能人士多又多，文王得以心安宁。"说的就是这个意思。

---

① 敬姜：齐侯之女，姜姓，谥曰敬，是鲁国大夫公父文伯的母亲。与孔子同时。世称贤母敬姜的《论劳逸》是春秋战国时期家训的代表之作。

2. 泰瑛严明

泰瑛，南郑^①杨矩妻，大鸿胪^②刘巨公女也。有四男二女。矩亡，教训六子，动有法矩。长子元珍出行，醉，母十日不见之，曰："我在，汝尚如此；我亡，何以帅群弟子？"元珍叩头谢过。次子仲珍白母请客，既至，无贤者，母怒责之。仲珍乃革行，交友贤人，兄弟为名士。泰瑛之教，流于三世；四子才官，隆于先人。故时人为语曰："三苗^③止，四珍复起。"（选自《华阳国志卷十下》）

【译文】

汉朝刘泰瑛，是南郑县杨矩的妻子，大鸿胪刘巨公的女儿。生有四个儿子和两个女儿。杨矩去世之后，她教育六个儿女非常有法度。长子杨元珍出外喝醉了，母亲十天不见他，说："我还活着，你尚且如此；如果我死了，你怎么做你弟弟们的榜样？"杨元珍叩头谢罪。她的第二个杨仲珍禀告母亲要请客，客人来了之后，没有贤明的人，母亲很生气，大声责骂杨仲珍。杨仲珍彻底改过，结交贤能的人为朋友，兄弟们都成为名士。刘泰瑛对子女的教育，流传了三世；四个儿子的才华和官位，兴盛程度超过先人。所以当时的人都说："三苗的罪业停止，杨家四珍复起。"

3. 魏缉之母

钜鹿魏溥妻，常山房氏女也。父堪，慕容垂贵乡太守。房氏婉顺^④高明^⑤，幼有烈操^⑥。年十六而溥遇病且卒。训导一子，有母仪法度。缉

---

① 南郑：南郑县，今日位于陕西省汉中地区南部。

② 大鸿胪：是古代官职位，中国古代朝廷掌管礼宾事务之官。

③ 三苗，与欢兜、共工、鲧合称为"四罪"。中国传说中黄帝至尧舜禹时代的古族名。又叫"苗民""有苗"。

④ 婉顺：温柔和顺。

⑤ 高明：高超明智。

⑥ 烈操：坚贞的节操。

所交游有名胜^①者，则身具酒饭；有不及己者，辄屏卧不餐，须其悔谢乃食。善诱^②严训^③，类皆如是。年六十五而终。（选自《魏书·列女传》）

【译文】

（南北朝时期）后魏钜鹿人魏溥的妻子房氏，是常山姓房的女儿。父亲房堪，是慕容垂贵乡太守。房氏柔顺高明，自幼颇有操守。她十六岁的时候，丈夫魏溥得病而死。房氏抚养魏缉，她依照法度训诫教导魏缉，很有母亲的风范。魏缉交结的朋友如果是有名望的才俊之士来家做客，她就亲自准备酒饭，款待客人；如果是品德修养差的人，她就睡在屏风后面，不出来吃饭，一定要在事后儿子表示悔恨，向她谢罪，她才肯吃饭。善于诱导和严厉的训斥，大类就是这样，年寿六十五岁去世。

4. 教子择交

包蒙泉^④为御史，其母戒曰："汝为天子耳目官^⑤，须廉以持身，激浊扬清，方尽厥职^⑥。"泉遵母训，廉介清谨^⑦，不畏强暴，声震朝野，天下贤之。

其弟子敬亦官御史，在家宴客，母问仆所宴何人？仆曰："某某"。

---

① 名胜：有名望的才俊之士的意思。

② 善诱：善于诱导；好好诱导。

③ 严训：指严厉的训斥。

④ 包蒙泉（1506—1556）：即包节，字元达，号蒙泉，原籍浙江嘉兴人，后徙居南直隶松江府华亭（今上海松江），明代官吏。五岁丧父，母杨氏教读甚严。每夜燃香一支，香未尽，不得入睡。嘉靖十一年进士，授东昌推官，入为监察御史，出按湖广，显陵守备太监廖斌骄横不法，拟惩治，语泄，反遭诬陷，下诏狱榜掠，谪戍庄浪卫，病死，著有《陕西行都司志》《包侍御集》等。

⑤ 耳目官：专称御史。借指负责视听的亲近侍从之臣。

⑥ 方尽厥职：能够尽到职责，做好工作。厥，音 jué。

⑦ 廉介清谨：廉洁耿介，清廉谨慎。

又问言何事？曰："言某氏女，可买为妾否？"母大怒，急呼子敬至。责之曰："某氏子，谄佞^①小人也。不亲贤人君子而亲此辈，不谈经史道德而言买妾，吾不忍见尔败坏家声^②。"终日不与言，子敬惧，跪而请罪。母曰："必绝某氏子，不许往来，方恕汝罪。"子敬诺。自此改过，品行益端。诗人颂曰："一贤母成就两名御史。"（选自《道德丛书·贤母类》）

【译文】

明朝时，包蒙泉做御史，他的母亲警戒他说："你是负责天子视听的官员，应该以廉洁持身，抨击坏人坏事，褒扬好人好事，这样才能够尽到职责。"包蒙泉遵守母亲的训诫，廉洁耿介，清廉谨慎，不畏强权暴政，声望震动朝廷和民间，天下都认为是贤人。

包蒙泉的弟弟子敬也官至御史，在家里宴请客人，母亲问仆人宴请的是什么人？仆人说："是某某"。又问他们讨论什么事？仆人说："讨论某氏的女儿是否可以买来做妾？"母亲听了大怒，赶紧把子敬呼喊过来。责备他说："某氏子，是花言巧语、阿谀逢迎的小人。你不亲近贤人君子而亲近这类小人，不谈论经史道德而讨论买妾的事，我不忍心看见你败坏家庭的名声。"终日不与他说话，子敬心里畏惧，跪着请罪。母亲说："一定要与某氏子断绝关系，不许往来，才宽恕你的罪过。"子敬承诺了。从此改掉了自己的过失，品行更加端正。诗人赞颂说："一位贤母成就了两位有名望的御史。"

5. 陶母待客

陶侃母湛氏，生侃而贫，每纺绩^③资给之，使结胜己者，宾至。辄^④

---

① 谄佞：花言巧语，阿谀逢迎。亦指花言巧语、阿谀逢迎的人。

② 家声：家庭的名声。

③ 纺绩：古代纺多指纺丝，绩亦作"缉"，多指缉麻。

④ 辄：总是。

款延^①不厌。一日大雪，鄱阳孝廉^②范逵宿焉，母乃彻所卧新荐，自剉给其马。又密截发卖以供肴馔。逵闻之，叹曰："非此母不生此子。"逵荐侃于庐江太守，召为督邮，由此得仕进。

吕氏曰：余读诗，见鸡鸣^③妇人，欲成夫德，至解杂佩。陶母爱子，剉荐断发以延客，不更切哉。子也何以慰母心？友也何以答母意乎？世之好客如陶母者诚稀，而号称契知者，果能益人之子，足以当陶母之情否耶！吾欲为之流涕。(选自《闺范》)

【译文】

晋朝时，陶侃的母亲姓湛，生了陶侃后家里贫穷，经常纺丝织麻供给儿子，让他去结交比自己德行好的人。有客人来了，总是热情款待，毫不厌烦。有一天下大雪，鄱阳的孝廉范逵到他家来做客住宿，湛氏就将刚刚铺垫自己床的稻草抽出来，自己将草切碎喂这孝廉的马。又悄悄地剪断自己的头发卖掉，买食品招待大家。范逵知道此事后，感叹说："若非有这样的母亲则不能生这样的儿子。"后来，范逵向庐江太守推荐陶侃，太守就任命陶侃为督邮，陶侃从此进身仕途。

吕坤说："我读古诗《女曰鸡鸣》，见妇人欲成丈夫品德，甚至解左右佩玉以赠他。陶侃的母亲爱儿子，切床铺草、卖自己的头发来招待客人，不是更感动人吗？儿子用什么来安慰母亲的心？朋友用什么来报答陶母的好意？世上好客像陶母一样的实在太少了。那些号称知己的人，真的能对别人的子女有益，而辜负陶母的深情吗？我感动得真想为她流泪。"

---

① 延：进，纳。

② 孝廉：本为汉选举官吏的两种科目名。孝，指孝子。廉，指廉洁之士。令郡国举孝廉各一人，后来合称孝廉。俗称举人为孝廉。

③ 鸡鸣：《诗经·国风·女曰鸡鸣》。

6. 吴孟宗母

吴，孟仁①字恭武，江夏人也，本名宗，避皓字，易焉。少从南阳李肃学。其母为作厚褥大被，或问其故，母曰："小儿无德致②客，学者多贫，故为广被，庶可得与气类接也。"其读书夙夜不懈③，肃奇之，曰："卿宰相器也。"（选自《三国志·三嗣主传》）

【译文】

三国时期，吴国人孟仁，字恭武，荆州江夏郡人，本名宗，后因避孙皓字讳，改名孟仁。少时随南阳向李肃先生求学。走之前，母亲为他缝了厚厚的床褥和宽大的被子。有人问这是为什么？他母亲回答说："我儿子无德能招致朋友，而求学的人大多数贫穷。我缝制了宽大的被褥，或许他可以与性情相合的人交朋友时共同使用。"孟宗读书非常勤奋，日夜不懈怠，李肃认为他很奇特，说："你是宰相之材啊！"

7. 王珪④之母

始，（王珪）隐居时，与房玄龄、杜如晦善，母李尝曰："而必贵，然未知所与游者何如人，而试与偕来。"会玄龄等过其家，李窥大惊，敕具酒食，欢尽日，喜曰："二客公辅才，汝贵不疑。"（出自《新唐书·王珪传》）

---

① 孟仁（？—271 年）：官居吴国司空。素仁孝，"哭竹生笋"指的就是孟仁为其母求笋的故事。

② 致：尽其情。

③ 夙夜不懈：夙夜，早晚，朝夕，懈，懈怠。形容日夜谨慎工作，勤奋不懈。

④ 王珪（570—639 年）：字叔玠，河东祁县（今山西祁县）人，唐初四大名相之一，南梁尚书令王僧辩之孙。

【译文】

唐朝时，王珪隐居终南山时，与房玄龄、杜如晦交好。一次，母亲李氏道："你将来定会显贵，但不知道跟你交往的都是什么人，你把他们约来看看。"恰好房玄龄等人前来拜访。李氏暗中观察后大为惊奇，命人备办酒食，使每个人尽兴。并对王珪道："这两人都有宰相之才，你能与他们交往，将来必定显贵。"

第五节　君臣

一、为君之道

1. 君主职责

国家的政权，是天下最重要的工具；君主，是天下最有权势地位的。君主的职责就是治理国家，如果用正确的治国原则掌握国家政权和君位，就可以使国家得到最大的安定，最大的繁荣强盛，成为聚集一切美好和良善的源泉；如果不用正确的治国原则掌握国家政权和君位，就会使国家遭受极大的危险，极大的灾祸，有它们还不如没有它们；这种情况发展到了极点，即使君主想做一个平民百姓也是不可能的了，夏桀和商纣就这样的人。

《论语·颜渊》里，齐景公问孔子如何治理国家。孔子说："君要行君道，臣要行臣道，父要行父道，子要行子道。"通俗一点来讲：做君主的要尽君主的职责，做臣子的要尽臣的职责，做父亲的要尽父亲的职责，做儿子的要尽儿子的职责。齐景公说："讲得好呀！如果君不像君，臣不像臣，父不像父，子不像子，虽然有粮食，我能吃得上吗？"

《孟子·梁惠王下》里，齐宣王问："商汤流放夏桀于南巢之地，周武王伐商王纣于鹿台之中，真的有这些事件吗？"孟子答："史料中有这种记载。"齐宣王问："臣子犯上杀死君主，行吗？"孟子答："破坏仁的人叫作'贼',破坏义的人叫作'残',毁仁害义的残贼,叫作'独夫'。人们只听说把独夫纣处死了,却没有听说是君主被臣下杀害了。"

　　商汤、周武王并不是夺取天下,而是遵行了正确的政治原则,奉行那合宜的道义,兴办天下人的共同福利,铲除了天下人的共同祸害,因而天下人归顺他们。夏桀、商纣并不是丢了天下,而是违背了夏禹、商汤的德行,扰乱了礼义的界限,所作所为丝毫不顾百姓死活,都是禽兽般的行为,失去人心。虽居有国君的位置,已经不是国君,而是窃据国君地位的独夫了,因而天下人抛弃了他们。天下人归顺他就叫作称王,天下人抛弃他就叫作灭亡。所以夏桀、商纣王并没有拥有天下,而商汤、周武王并没有杀掉君主。商汤、周武王,是人民的父母;夏桀、商纣王,是人民的仇敌。所以,君主处在天下最有权势的位置,君主的职责是掌握正确的治国法则,治理国家,教化百姓,使天下安定。为国为民服务,这样才能获得百姓的拥护。

　　关于国家治理,《论语》中记录的一段孔子与学生冉有的讨论。孔子到卫国去,冉有为他驾车。孔子说:"人口真多呀!"冉有说:"人口已经够多了,还要再做什么呢?"孔子说:"使他们富起来。"冉有说:"富了以后又还要做些什么?"孔子说:"对他们进行教化。"

　　在这里,孔子提出"富民"和"教民"的思想。《尚书》说:"民惟邦本,本固邦宁。"老百姓是国家的根本,根本稳固了,国家也就安宁了。治理国家的原则,首先是要使人民富裕。人民富裕就容易治理,人民贫穷就难以治理。怎么知道这个道理呢?人民富裕就安于乡居而爱惜家园,安乡爱家就恭敬君上而畏惧刑罪,敬上畏罪就容易治理了。人民贫穷就不安于乡居而轻视家园,不安于乡居而轻家就敢于对抗君上而违犯禁令,抗上犯禁就难以治理了。所以,治理得好的国家往往是富的,乱国必然是穷的。因此,善于主持国家的君主,一定要先使人民富裕起来,然后再加以治理。国家的发展宗旨,是为了保障人民幸福安康;国家的存在目的,是为了维护人民安定富足。

　　孔子说在实现"富民"之后，必须要完成"教民"的任务，"富"仅仅是完成了百姓物质层面的需求，同时百姓也要求精神层面的富足。一个只知道追求物质满足，而没有道义追求的群体，不是与禽兽相同了吗？所以，教化礼仪，引导人们实现真正的人生价值，提高国民素质，同样是君主的职责。

　　所以，作为君主，应该把治理国家作为自己的职责，而治理国家就应当"富民"和"教民"。

　　2. 择贤辅国

　　掌握国家政权的君主，毕竟不能独自一人去治理国家。借助车马的人，脚腿不辛苦而能到达千里之外；乘坐舟船的人，不会游泳而能横渡江河大海。《群书治要·尚书治要》里，舜帝说："大臣犹如我的股肱耳目。说的是君王与群臣是一个大的整体，就像一个人的身体一样。我想教化引导所有百姓，你们来扶助我吧。帮助我治理天下的人民，在他们富裕了之后再用礼乐去教化他们，你们来帮我一起做成这件事吧。我如果有什么过失，你们应当及时帮助我。你们不可以当面顺从，从我这里离开后又在背后议论我。我要是违背了正道，你们应当以义理来纠正我。不要当面顺从我的错误，事后又说我这人没法辅佐。"可见君王和大臣的职责和使命相近，共同治理国家，是相互依靠、相辅相成的。

　　国家的强大、兴衰、荣辱的关键就在于选取辅助的人了！如果君主用人得当，那么国家就能治理得好，上下和洽，群臣亲和，百姓归附；如果君主用人不当，那么国家就有危险，上下乖悖，群臣怨恨，百姓动乱。所以君主应凭借天下人的眼光观看事物、借助天下人的耳力聆听声音、凭借天下人的智慧考虑问题、依仗天下人的力量争取胜利。如此，贤能的人能充分地发挥他们的智慧，能力差的也竭尽全力；君主发布的号令能够向下贯彻，群臣的情况能够上达；百官同心协力，群臣紧密聚集；居民安居乐业，边远民众归顺德政。能够有这样的结果其原因何在？是在于君主采用了正确的用人选人方法，而不是只靠君主一个人的才能。

3. 君主要修身

《论语·颜渊》里，季康子问孔子如何治理国家。孔子回答说："政就是正的意思。您本人带头行得正，处处以身作则，谁敢不正？"君主的权势，足以产生影响以致移风易俗。当尧还只是一个平头百姓时，他的仁慈感化不了同一巷子里的邻居；而夏桀占居了帝位，便能令行禁止，推行他的一套。由此看来，权势能移风易俗，这也是再清楚不过的事实了。君主所处的地位，就像天空中发射光明的日月，天底下的人都仰视、恭听、伸长脖子抬起脚跟来眺望。君主，就像测定时刻的标杆；民众，就像这标杆的影子；标杆正直，那么影子也正直。君主，是政治的源头。源头清澈，那么下边的流水也清澈；源头混浊，那么下边的流水也混浊。所以，作为一国之君，推崇和爱好影响着臣子和百姓。

《易》曰"物以类聚，人以群分"。君主如果诚信正直，那么国家政权也必定由正直人士来执掌，谗佞奸邪之徒就无机会上升高位。君主如果爱好礼义，尊重贤德的人、使用有才能的人，没有贪图财利的思想，那么臣下也就会极其谦让，极其忠诚老实，而谨慎地做一个臣子了。如此，老百姓不用奖赏而民众就能勤勉，不用刑罚而民众就能服从，官吏不费力而事情就能处理好，政策法令不繁多而习俗就能变好；所以，民众在纳税时不觉得破费，为国家干事业时忘掉了疲劳，外敌发动战争时能拼死作战；天下的民众不用命令就能统一行动。反之，君主如果不诚信正直，那么得志者必定是谗佞奸邪之徒，忠贞之士就隐退藏匿。如果君主热衷于贪图财利，那么大臣百官就会乘机跟着敛财以致于没有限度地盘剥民众；如果君主喜欢搞权术阴谋，那么大臣百官中那些搞欺骗诡诈的人就会乘机跟着搞欺诈；如果君主喜欢偏私，那么大臣百官就会乘机跟着搞偏私；掌握了国家政权的人如果不能够爱护人民、不能够使人民得利，而要求人民亲近爱戴自己，那是不可能办到的。《尚书》说："一个人做了善事，万民都依仗着他。"说的就是这种情况。所以君主的

第五章　敦伦篇

每一个举动，都不可不慎。

为君主者，必须先端正自身，修养自己的品德。太甲说："天难谌，命靡常；常厥德，保厥位。"意思是说天命（上帝）的意志是难于捉摸预料的，天命是不断改变的。只有加强自身修养，才能保住王位，否则统治九州岛的权利就要失去。说的就是"自天子以至于庶人，壹是皆以修身为本"的这个道理。

二、臣道

鲁定公问孔子："君应当如何使臣，臣应当如何事君？"孔子对曰："君应当以礼使臣，凡事当依国家所定的规矩而行。臣应当以忠事君，要尽其应尽的职责。君臣相遇，各尽其道。"

所谓忠，就是尽己之心，真诚无欺的意思。凡是处事接物能够尽心尽职的都叫忠。人类的伦理所在，例如晚辈奉事长辈，属下服事长官，或是平辈朋友间的交往处事，都应该要忠诚。子曰："不患无位，患所以立。"位，是官位。立，是在官位而有建树之意。勿愁无官位，但愁如何建树。为官者，先应该考虑自己的本分、本职是什么，尽心竭力做好本职就是忠。作为首相宰辅，对上辅助天子顺理阴阳四时，对下育化万物；对内亲近百姓，使各级官吏各尽其职；对外镇抚四方诸侯等，这是首相宰辅的忠。作为言官，以规谏皇帝，左右言路，弹劾、纠察百司、百官为忠。为刑官，以执法断案、雪冤禁暴，平反冤狱为忠。为武臣，则以戡乱救国、保民平安为忠。当荐举就应该为国举荐人才、得人才为忠，等等。

孔子曰："以道事君，不可则止。"为君者的思想、行为难免会有偏差，为臣子者的责任就是依据道义做事，提醒、劝谏，使为君者有所醒悟，从而回到正确的轨道上来。

《孟子·滕文公下》里，景春说："公孙衍、张仪难道不是真正的大丈夫吗？他们一发怒，诸侯就害怕；他们安居家中，天下就太平无事。"

孟子说："这哪能算是大丈夫呢？你没有学过礼吗？男子行加冠礼时，父亲训导他；女子出嫁时，母亲训导她，送她到门口，告诫她说：'到了你家，一定要恭敬，一定要谨慎，不要违背丈夫！'把顺从当作最大原则，是妇人家遵循的道理（公孙衍、张仪在诸侯面前竟也像妇人一样，只知道顺从诸侯的私欲）。居住在天下最广大的住宅'仁'里，站立在天下最正确的位置'礼'上，行走在天下最宽广的道路'义'上；能实现理想时就与人民一起走这条正道，不能实现理想就独自行走在这条正道上，富贵不能迷乱他的思想，贫贱不能改变他的操守，强权不能屈服他的意志，这才叫作大丈夫。"

太甲为王初，不修德政，昏暗暴虐，破坏了商汤法制。伊尹十分忧虑，伊尹多次规劝，太甲根本听不进去。为使太甲成为有作为的君主，伊尹在商汤墓所在地桐建了一座宫室，称为桐宫。他把太甲送入桐宫反省。太甲面对祖父之墓，缅怀祖父功绩，对照自己的恶性劣行，日思夜想，终于意识到自己错误的根源和被放逐的原因，太甲悔过自新，重新做人，从迷途中觉醒过来。他一边读书，一边反省，转眼间，时间过了三年，伊尹见放逐太甲的目的已经达到，于是亲自到桐宫迎接，恢复太甲王位。太甲二次即位，勤修德政，以身作则，诸侯归服，百姓安宁。太甲终成有为之君，为后来的中兴局面打下了基础。伊尹连辅商初数王，既为帝师，又代帝王行政，功高盖世。伊尹死后，商王沃丁以天子之礼葬之。

所以，作为臣子，应当以礼义侍奉国君治理国家，忠诚顺从而不松懈，齐心协力实现"富民"和"教民"的为政目标，使国家大治。而不是穷兵黩武，陷国家和百姓于水火之中。

附十七：君臣十人

1. 杜后礼法

宋太祖赵匡胤^①母昭宪杜太后，定州安喜人也。既笄归于宣祖。治家严毅有礼法。太祖即位，尊为皇太后。太祖拜太后于堂上，众皆贺。太后愀然不乐^②，左右进曰："臣闻'母以子贵'，今子为天子，胡为不乐？"太后曰："吾闻'为君难'，天子置身兆庶^③之上，若治得其道，则此位可尊；苟或失驭，求为匹夫不可得，是吾所以忧也。"太祖再拜曰："谨受教。"（选自《宋史·后妃上》）

【译文】

宋太祖赵匡胤的母亲昭宪杜太后，是定州安喜人。杜太后成年后，嫁给宣祖。太祖即皇帝位，尊母亲为皇太后。太祖在朝堂上礼拜太后，大臣们都向太后表示恭贺。太后郁郁不乐，左右大臣劝她说："臣听说过'母以子贵'，现在您的儿子做了皇帝，您为什么不高兴呢？"太后说："我听说'做君主难'，皇帝位在亿万兆民之上，如果治国有方，则皇位可尊；一旦国家失去驾驭，即使想当匹夫也不可能，这是我所忧虑的啊！"太祖再次向太后拜道："我一定听从您的教导。"

2. 卫姑定姜

卫姑定姜者，卫定公之夫人，公子之母也，公子既娶而死。定公卒，立敬姒^④之子衎^⑤为君，是为献公。献公居丧而慢。定姜既哭而息，

---

① 胤：音 yìn。

② 愀然不乐：脸上忧愁严肃，心中不愉快。愀，音 qiǎo。

③ 兆庶：犹言兆民。

④ 敬姒：卫定公的妾。

⑤ 衎：音 kàn，即卫献公，姬姓，名衎，卫定公之子。

见献公之不衰也，不内 ① 食饮，叹曰："是将败卫国，必先害善人，天祸卫国也！夫吾不获鱄 ② 也，使主社稷。"大夫闻之皆惧。孙文子自是不敢舍 ③ 其重器 ④ 于卫。鱄者，献公弟子鲜也。贤，而定姜欲立之而不得。后献公暴虐，慢侮定姜，卒见逐走。出亡至境，使祝宗 ⑤ 告亡，且告无罪于庙。定姜曰："不可。若令无，神不可诬 ⑥ 。有罪，若何告无罪也？且公之行，舍大臣而与小臣谋，一罪也；先君有冢卿以为师保而蔑之，二罪也；余以巾栉 ⑦ 事先君，而暴妾使余 ⑧ ，三罪也。告亡而已，无告无罪。"其后赖鱄力，献公复得反 ⑨ 国。君子谓定姜能以辞教。《诗》云："我言惟服。"此之谓也。（选自《列女传·母仪传》）

【译文】

春秋战国时期，卫姑定姜，是卫定公的夫人，卫国公子的母亲，公子娶亲之后没多久就死了。定公去世后，立妾敬姒的儿子衎为君主，就是卫献公。献公在服丧的时候十分怠慢。定姜哭累了休息，见献公不悲哀，便吃不下饭，喝不进水，叹气道："这个人啊，卫国将要败在他的手里，他一定会先残害贤人，上天要灭卫国啊！可惜我不能让鱄来主持国政！"大夫们听到她的话后都感到害怕。从此孙文子不敢把贵重物品放在卫国收藏。鱄是献公的弟弟，叫子鲜。鱄非常贤能，定姜想要立他为国君，但是没有成功。后来卫献公很暴虐，对定姜轻慢侮辱，终于被大家赶了出去。

---

① 内：同"纳"，接受。

② 鱄：音 zhuān，即子鲜，卫献公的弟弟。

③ 舍：置，放置。

④ 重器：重要的器物、财物。

⑤ 祝宗：古代主持祭祀祈祷活动之人。

⑥ 诬：欺骗。

⑦ 巾栉：手巾和梳子。

⑧ 暴妾使余：对待我像对待婢妾一样无礼粗暴。

⑨ 反：通"返"，返回。

献公逃到国境时，让祝宗报告自己的出逃，并向宗庙申诉自己无罪。定姜说："不行，如果没有罪，神灵是不会被欺骗的。若你有罪，怎能说无罪？而且就你身为国君的言行来看，抛弃正直的大臣，而与奸邪小人商量国事，这是第一项罪过；先君有上卿作为师保，你却轻视他们，这是第二项罪过；我用手巾和梳子勤恳侍奉先君，你却将我像婢妾一样残暴对待，这是第三项罪过。你只能向宗庙报告说你逃亡，不能自称无罪。"后来靠鱄的力量，献公才得以回国。君子称赞定姜能够用言辞说教。《诗经》中说："我的话很管用。"说的就是她。

3. 魏曲沃负

曲沃负①者，魏大夫如耳母也。秦立魏公子政为魏太子，魏哀王使使者为太子纳妃而美，王将自纳焉。曲沃负谓其子如耳曰："王乱于无别，汝胡不匡②之？方今战国，强者为雄，义者显焉。今魏不能强，王又无义，何以持国乎？王，中人③也，不知其为祸耳。汝不言，则魏必有祸矣。有祸，必及吾家。汝言以尽忠，忠以除祸，不可失也。"如耳未遇间，会使于齐，负因款④王门而上书曰："曲沃之老妇也，心有所怀，愿以闻于王。"王召入。负曰："妾闻男女之别，国之大节也。妇人脆于志，窳⑤于心，不可以邪开也。是故必十五而笄⑥，二十而嫁，早成其号谥⑦，所以就之也。聘则为妻，奔则为妾，所以开善遏淫也。节成⑧，

---

① 曲沃负：曲沃，隶属山西省临汾市。负，老妇人。

② 匡：纠正；扶正。

③ 中人：中等的人，凡人。

④ 款：敲打，叩。

⑤ 窳：音 yǔ，懒惰。

⑥ 笄：古时女子十五岁的成年礼节。

⑦ 号谥：号，名称，字号。指人除有名、字之外，另起的别称。谥，音 shì. 叫作，称为。

⑧ 节成：指长大。节，骨节。成，成长。

然后许嫁，亲迎，然后随从，贞女之义也。今大王为太子求妃，而自纳之于后宫，此毁贞女之行，而乱男女之别也。自古圣王必正妃匹[1]，妃匹正则兴，不正则乱。夏之兴也以涂山，亡也以末喜。殷之兴也以有莘，亡也以妲己。周之兴也以太姒，亡也以褒姒。周之康王夫人晏出朝，《关雎》预见，思得淑女以配君子。夫雎鸠之鸟，犹未尝见乘居而匹处[2]也。夫男女之盛，合之以礼，则父子生焉，君臣成焉，故为万物始。君臣、父子、夫妇三者，天下之大纲纪[3]也。三者治则治，乱则乱。今大王乱人道之始，弃纲纪之务。敌国五六，南有从楚，西有横秦，而魏国居其间，可谓仅存矣。王不忧此，而从乱无别，父子同女，妾恐大王之国政危矣。"王曰："然，寡人不知也。"遂与太子妃，而赐负粟三十钟，如耳还而爵之。王勤行自修[4]，劳来国家，而齐、楚、强秦不敢加兵焉。君子谓魏负知礼。《诗》云："敬之敬之，天维显思。"此之谓也。（选自《列女传·仁智传》）

【译文】

战国时期，曲沃一个老妇人，是魏国大夫如耳的母亲。秦国立魏国的公子政为魏国的太子，魏哀王派使者为太子纳妃。太子妃长得很美，哀王想要自己占有。曲沃负对他的儿子如耳说："魏王乱了伦常，父子无别，你为什么不去纠正他呢？当今是强国称雄的时代，有道义的国家就会显赫。现在魏国不强大，魏王又不行仁义，怎能保住国家呢？魏王是个平庸的人，不知道这样会招来祸患。你要是不劝谏的话，魏国一定会出现祸乱。有了祸乱，一定会殃及我家。你进言是为了尽忠，尽忠可以免除祸害，不要错失了这个机会。"

如耳一直没有找到进谏的机会，就受命出使齐国。于是曲沃负到君

① 妃匹：音 pèi pǐ，夫妇，配偶。

② 乘居：犹双居。匹处：雌雄同处。

③ 纲纪：纲常，法度。

④ 自修：自我修养，修养自己的品德性情。

王的官前上书道："我是曲沃的一个老妇，心中有些想法，希望能讲给大王听。"魏王召她进来。曲沃负说道："我听说男女之别，是国家重要的礼度规范。妇女的意志比较脆弱，心性懒惰，不能让邪僻的事去引诱她们。因此女子在十五岁的时候成年，二十岁的时候嫁出去，让她们早早就有了别号，以成就她们。正式订婚迎娶的是妻，没有通过正当礼节而私奔的就是妾，这样是为了启发良善的民风，遏制淫邪的风气。女子成人后才可嫁人，亲迎后才可跟从丈夫，这是贞女应遵守的道义。如今大王为太子纳妃，而将太子妃充于自己的后宫，这毁了贞女之行，扰乱了男女之别。自古以来圣明的君主一定会重视配偶的品行，配偶品行端正，国家就会兴盛，反之就会引发祸乱。夏朝的兴起源自涂山氏，灭亡是因为末喜。殷朝的兴起源自有莘氏，亡国是因为妲己。周朝的兴起源自太姒，亡国是因为褒姒。周康王的夫人因康王很晚才上朝，于是以《关雎》诗篇作教诲，想要让贤淑的女子配给君子。雎鸠这种鸟，还没有人见过它们双宿双飞。男女成年后，通过礼仪结合在一起，才有父子关系、君臣关系，所以夫妻为万物的开始。君臣、父子、夫妇之道，是天下最重要的纲纪。三种关系处理得好，天下就会安定。处理得不好，天下就会大乱。现在大王开扰乱人伦之端，摈弃了纲常法度。魏国有五六个敌国，南面有合纵的楚国，西面有连横的秦国，魏国处在中间，可以说是勉强存在。大王不忧心这些国事，却扰乱人伦纲常，父子同娶一个女子，我担忧大王的国政会出现危险啊！"魏王说："你说得对，我也太糊涂了。"于是就把太子妃还给了太子，赏赐给曲沃负三十钟粟米。如耳回国后，魏王封给他爵位。魏王勤奋自修，努力治国。齐国、楚国以及强大的秦国都不敢派兵来攻打魏国。君子称赞曲沃负深知礼法。《诗经》中说："警戒啊警戒，天道显赫不可欺。"说的就是这个意思。

4. 楚江乙母

楚大夫江乙之母也。当恭王之时，乙为郢大夫。有入王宫中盗者，令尹以罪乙，请于王而绌①之。处家②无几何，其母亡③布八寻④，乃往言于王曰："妾夜亡布八寻，令尹盗之。"王方在小曲之台，令尹侍焉。王谓母曰："令尹信盗之，寡人不为其富贵而不行法焉。若不盗而诬之，楚国有常法。"母曰："令尹不身盗之也，乃使人盗之。"王曰："其使人盗奈何？"对曰："昔孙叔敖之为令尹也，道不拾遗，门不闭关，而盗贼自息。今令尹之治也，耳目不明，盗贼公行，是故使盗得盗妾之布，是与使人盗何以异也？"王曰："令尹在上，寇盗在下，令尹不知，有何罪焉？"母曰："吁，何大王之言过也！昔日妾之子为郢大夫，有盗王宫中之物者，妾子坐而绌，妾子亦岂知之哉？然终坐之。令尹独何人，而不以是为过也？昔者周武王有言曰：'百姓有过，在予一人。'上不明则下不治，相不贤则国不宁。所谓国无人者，非无人也，无理人者也。王其察之。"王曰："善。非徒讥令尹，又讥寡人。"命吏偿母之布，因赐金十镒。母让金、布曰："妾岂贪货而干⑤大王哉？怨⑥令尹之治也。"遂去，不肯受。王曰："母智若此，其子必不愚。"乃复召江乙而用之。君子谓乙母善以微喻。《诗》云："猷之未远，是用大谏。"此之谓也。（选自《列女传，辩通传》）

【译文】

春秋战国时期，楚江乙母，是楚国大夫江乙的母亲。楚恭王时，江乙任郢都大夫。有人入王宫偷盗，令尹将此罪加到江乙身上，请求恭王

---

① 绌：通"黜"，罢免，革除。

② 处家：居家，在家里。

③ 亡：丢失，丧失。

④ 寻：古代的长度单位，一寻等于八尺。

⑤ 干：冒犯，触犯。

⑥ 怨：不满。

将他免职。江乙被罢官后，在家没多久，他的母亲丢了八寻布，就去向恭王诉说道："昨晚我丢了八寻布，是令尹偷的。"当时恭王正在小曲台上，令尹陪侍在他旁边。恭王对乙母说："如果令尹真的偷了，我绝不会因为他富贵就不依法制裁。若他没有偷，你诬告他，楚国也有法律可治罪于你。"江乙的母亲说道："令尹没有亲自偷，是他让别人偷的。"恭王问："他怎么叫别人偷的？"江乙的母亲答道："过去孙叔敖当令尹时，东西掉在路上也没人捡，家门不用关，也没有盗贼。当今令尹治理楚国，耳不闻目不见，盗贼公然行动，所以强盗偷去了我的布，跟令尹派他们来偷有什么不同呢？"恭王说道："令尹在朝上，强盗在民间，令尹不知道他们的行动，有什么罪呢？"江乙的母亲说道："唉！大王的话错了！曾经我儿子做郢都大夫时，有人偷了官中的东西，我儿子因此获罪被免职，他又怎会知道强盗要偷东西呢？但他最后还是被牵连。令尹独独是什么人，而不将这看作是他的罪过？过去周武王说过：'百姓们有错，全是我一人的过错。'君主不明察，官员就不能治理好国家；相国不贤能，国家就不会安宁。所谓国家无人，并非真的没有人，而是没有能治理国家的人，大王请明察。"恭王说："好。你的话不仅仅问责了令尹，也问责了我。"恭王命官吏赔偿江乙母亲损失的布，赏赐给她十镒黄金。江乙母亲推辞不接受黄金和布匹，说道："我怎会是因为贪求财物来冒犯大王呢？我只是不满令尹不擅治理国政。"于是她就离开了，没有接受赏赐。恭王说："母亲有如此智慧，她的儿子一定不会愚蠢。"于是又召来江乙加以任用。君子称赞江乙母亲善于通过细微的事情来讽喻。《诗经》中说："计谋短浅，所以要竭力劝谏。"说的就是这个意思。

5. 王义方母

唐相李义府专横，侍御史王义方欲奏弹①之，先白其母曰："义方

---

① 弹：弹劾，由国家的专门机关对违法失职或职务上犯罪的官吏采取揭发和追究法律责任的行为。

为御史，视奸臣不纠则不忠，纠之则身危而忧及于亲，为不孝；二者不能自决，奈何？"母曰："昔王陵之母杀身以成子之名，汝能尽忠以事君，吾死不恨。"此非不爱其子，惟恐其子为善之不终也。然则为人母者，非徒鞠育^①其身使不罹^②水火，又当养其德使不入于邪恶，乃可谓之慈矣！（选自《温公家范》）

【译文】

唐朝宰相李义府专制蛮横，侍御史王义方想弹劾他，先告诉母亲说："我身为御史，看到奸臣而不去纠正是对皇上不忠；若纠正他，那么自己危险又会使亲人担忧，这是不孝。这两者我无法作出决断，怎么办才好呢？"母亲说："昔日王陵的母亲自杀以成全儿子的名声，你能以忠诚事君报国，我死而无恨。"这并不是不喜爱儿子，是担心儿子坚持道义不能自始至终。为人之母，她的责任并非只是抚养儿子长大，使他不遭水、火之灾，还应当培养他的品德，使他不走上邪路，这才称得上是慈爱。

6. 刘安世母

刘安世母，有贤名。安世除^③谏官^④，未拜命^⑤，入白^⑥母曰："朝廷不以儿不肖，使居言路^⑦，谏官须明目张胆，以身任国，脱^⑧有触忤^⑨，祸谴立至。主上方以孝治天下，若以老母辞，当可免。"母曰："不然，吾闻

① 鞠育：养育，抚养。
② 罹：音lí，指遭受苦难或不幸。
③ 除：殿阶，拜官。
④ 谏官：称司速诤之官，如谏议大夫等。
⑤ 拜命：受命，谢人之使命。
⑥ 白：陈述，率直，演戏之说白。
⑦ 言路：谓进行进言之路。
⑧ 脱：疏略，遗漏。
⑨ 触忤：冒犯，也作"触迕"。

谏官为天子诤臣^①，汝父平生欲为之而弗得。汝幸居此地，当捐身以报国恩，使得罪流放，无问远近，吾当从汝所之。"安世受命，是以正色立朝，面折廷争。人目之为"殿上虎"。（选自《闺范》）

【译文】

宋朝刘安世的母亲有贤淑的名声，刘安世被任命为谏官，还没有去上任，便来到母亲面前对母亲说："朝廷不以儿为无用，使我居言路当谏官。当谏官要明目张胆、以身捍卫国家利益。但稍有冒犯，谴责和灾祸会立即降临！幸而皇上正以孝道治天下，若是我以母亲年事已高为理由，推辞这个职位，便可以免除这一危险。"他母亲听了以后说："不对，我听说谏官是天子身边直言敢于进谏的争论之臣，你父亲平生一心想担任此职却没有得到。你今天能有幸担任此职，应当将生死置之度外而报效国家。即使得罪了别人，被判流放之刑，无论多么远近，我都随你去。"于是刘安世接受任命当了谏官，义正辞严地立于朝廷之上，与非正义的言论和主张抗争，人们称他为"殿上虎"。

7. 虞潭孙母

虞潭母孙氏，吴郡富春人，孙权族孙女也。初适潭父忠，恭顺贞和，甚有妇德。及忠亡，遗孤藐尔，孙氏虽少，誓不改节，躬自抚养，劬劳备至。性聪敏，识鉴过人。潭始自幼童，便训以忠义，故得声望允洽，为朝廷所称。永嘉末，潭为南康太守，值杜弢^②构逆，率众讨之。孙氏勉潭以必死之义，俱倾其资产以馈战士，潭遂克捷。及苏峻作乱，潭时守吴兴，又假节征峻。孙氏戒之曰："吾闻忠臣出孝子之门，汝当舍生取义，勿以吾老为累也。"仍尽发其家僮，令随潭助战，贸其所服环珮以为军资。于时会稽内史王舒遣子允之为督护，孙氏又谓潭曰：

---

① 诤臣：谓直言敢谏之臣。诤，以直言止人之过失，与"争"同。

② 弢：音 tāo，同"韬"。

"王府君遣儿征，汝何为独不？"潭即以子楚为督护，与舒允之合势^①，其忧国之诚如此。拜武昌侯太夫人，加金章紫绶。潭立养堂于家，王导以下皆就拜谒。咸和末卒，所九十五。成帝遣使吊祭，谥曰"定夫人"。

（选自《晋书·列女传》）

【译文】

西晋时期，虞潭的母亲孙氏，是吴郡富春人，孙权的族孙女，当初嫁给虞潭父亲虞忠，恭顺贞和，很有妇德。等到虞忠战死，儿子年幼，孙氏虽然年轻，发誓不改节，亲自抚养，勤劳周到。性格聪慧敏捷，见识超过一般人。虞潭还是幼儿时，便以忠义教导，所以声望信实可靠，被朝廷称道。永嘉末年，虞潭担任南康太守，当时杜弢计划谋反，率众人讨伐他。孙氏勉励虞潭必死的义节，又变卖其资产用以犒劳战士，虞潭于是取得胜利。等到苏峻作乱，虞潭当时守卫吴兴，又奉假节征讨苏峻。孙氏告诫说："我听说忠臣良将出自孝子之门，你应该舍身取义，勿要因为我年纪老了，有累你报国的忠心。"就将家仆全部发动起来，让他们随虞潭征战，卖掉她所穿戴的环佩充当军资。在这时会稽内史王舒派遣儿子王允之担任督护，孙氏又对虞潭说："王府君派遣儿子征战，你为什么不呢？"虞潭就以儿子虞楚为督护，与王舒、王允之协力作战，她关心国家的心的确到了如此地步。被封为武昌侯太夫人，追加金章紫绶，虞潭在家建奉养母亲的屋宇，王导以下的官员都前往谒见。孙氏在咸和末年去世，时年九十五岁，成帝派遣使节吊祭，谥为"定夫人"。

8. 晋朱序母

晋朱序，字次伦，义阳人也。父焘，以才干历西蛮校尉、益州刺史。序世为名将，累迁鹰扬将军、江夏相。宁康初，拜使持节、监沔中诸军事、南中郎将、梁州刺史，镇襄阳。是岁，苻坚遣其将苻丕等率众

---

① 合势：犹合力；协力。

围序，序固守，贼粮将尽，率众苦攻之。初，苻丕之来攻也，序母韩自登城履行①，谡②西北角当先受弊，遂领百余婢并城中女子于其角斜筑城二十余丈。贼攻西北角，果溃，众便固新筑城。丕遂引退。襄阳人谓此城为"夫人城"。（选自《晋书·列传第五十一》）

【译文】

东晋时期，朱序，字次伦，是义阳郡平氏县人。朱序的父亲朱焘，曾任西蛮校尉、益州刺史。朱序是当世名将，因功升至鹰扬将军、江夏相。宁康初年（373年），朝廷任命朱序为使持节、监沔中诸军事、南中郎将、梁州刺史，镇守襄阳。这一年，苻坚派其副将苻丕等率兵围攻朱序，朱序固守襄阳，贼兵粮草将尽，因而攻城更加凶猛。起初，苻丕率部来攻城，朱序的母亲韩氏亲自登城巡视，见西北角城垣防守薄弱，认为城的西北角将会被攻破，便率领百余名婢女以及城中女子与城西北角内建了一堵二十余丈长的斜角新城。贼兵攻打西北角，果然攻破城防，守城士兵便固守新筑城台。苻丕久攻不克便引兵退去。襄阳人因此称此城为"夫人城"。

9. 王僧辩母

王僧辩③，字君才，右卫将军神念之子也。夫人姓魏氏。神念以天监初，董率徒众据东关，退保合肥溧湖西，因娶以为室，生僧辩。性甚安和，善于绥接④，家门内外，莫不怀之。初，僧辩下狱，夫人流泪徒行，将入谢罪，世祖不与相见。时贞惠世子有宠于世祖，军国大事多关领

---

① 履行：行走。

② 谡：音 sù，起，起来；肃敬的样子。

③ 王僧辩：（？—555年），南朝梁著名将领。字君才，太原祁（今山西祁县）人，右卫将军王神念之子，先祖为东晋书法家王羲之。

④ 绥接：抚慰交往。

焉。夫人诣阁，自陈无训，涕泗①呜咽，众并怜之。及僧辩免出，夫人深相责励，辞色俱严，云："人之事君，惟须忠烈，非但保祐当世，亦乃庆②流子孙。"及僧辩克复旧京，功盖天下，夫人恒自谦损，不以富贵骄物。朝野咸共称之，谓为明哲妇人也。（选自《梁书·王僧辩》）

【译文】

南朝时期，王僧辩，字君才，是右卫将军王神念的儿子。太夫人姓魏。梁武帝天监初年（502年），王神念率部下占领东关，后退保合肥�湖之西，娶魏氏为妻，生下了王僧辩。太夫人性格非常的和蔼，很善于待人接物，家门内外，都很怀念她。当初，王僧辩下狱之时，太夫人流泪徒步奔走，到江陵找湘东王萧绎请罪，湘东王不肯和她相见。其时贞惠世子萧方诸很受湘东王宠爱，军国大事多由他管理。太夫人赶去拜访贞惠世子，向他陈说自己教训儿子无方，泪流满面，泣不成声，大家都很同情她。等到王僧辩被免罪出狱，太夫人又狠狠地责备儿子，深深地勉励他好好地报效朝廷，其脸色、言辞都相当严肃。太夫人对王僧辩告诫说："人臣侍奉君主，只要忠心耿耿，光明正直，这不仅能使自己得以保全，而且可以遗留福泽于子孙后代。"后来，王僧辩率军收复了建康，功盖天下，太夫人常常自谦，不因为富贵而骄傲、放纵。朝廷内外都异口同声地称赞太夫人，说她是明白事理的贤明妇人。

10. 岳母劝子

先臣③天性至孝，自北境纷扰，母命以从戎报国，辄不忍。屡趣④之，不得已，乃留妻养母，独从高宗皇帝渡河。河北陷，沦失盗区，音

---

① 涕泗：涕泪俱下，哭泣。

② 庆：福泽。有幸的事。

③ 先臣：古代臣子于君前称自己已死的祖先、父亲为"先臣"。这里指岳飞。

④ 趣：音 cù，古同"促"，催促；急促。

第五章　敦伦篇

问绝隔。先臣日夕求访，数年不获。俄^①有自母所来者，谓之曰："而母寄余言：'为我语五郎，勉事圣天子，无以老媪为念也。'"乃窃^②遣人迎之，阻于寇攘^③，往返者十有八，然后归。先臣欣拜且泣，谢不孝。（选自南宋岳珂撰《金佗稡编》卷九）

【译文】

（宋朝）我的祖父岳飞天性至孝，自从北边边境发生战乱以来，曾祖母命祖父岳飞从军报国，祖父不忍心离开。曾祖母多次催促，不得已，就留下妻子奉养母亲，独自追随高宗皇帝渡河。后来，河北被攻陷，沦落为盗匪地区，曾祖母的音讯皆无。祖父岳飞天天求问，查访，几年没有结果。后来，有从曾祖母那里来的人，告祖父说："你的母亲托我带话说'替我和五郎说，要勉力为皇上尽忠对抗敌国，保家卫国，不要挂念我这个老太婆'。"祖父依据这条线索暗中派人去迎接，被战乱阻隔，最终往返十多次才接回来。祖父欣然叩拜，流着泪对母亲谢不孝之罪。

---

① 俄：短暂的时间。

② 窃：私自，暗中。

③ 寇攘：引申指由兵匪劫掠侵夺所造成的祸乱。

第六章

道德篇

爱子当教子以道，当引导子女以德行为根本。道德教育是圣贤教育的核心，圣贤都把道德教育置于优先地位。"仁、义、礼、智、信"五常之道，乃一个人的基本品德，君、民皆当研习遵循。古代仁君治国皆致力于用德善育民，民众向善，天下牢狱也就不存在了。"仁、义、礼、智、信"贯穿于中华伦理的发展中，成为中国价值体系中的最核心因素。

第一节　仁

"仁"，从人从二：从人，表示一个独立的人；天道就在于使万物迅速地化生，地道就在于使树木迅速地成材。人之道就在于做人要效法天地，担任天道地道，使万物得以生长，使万物生长就是"仁"。人与天地并称三才，此也。

从二，表示数目字。指天地不仅是我一个人，还有我以外的很多人。人不能离群而独存，"仁"就是指人与人之间的关系，人与人之间的关系就是相互亲爱，而以爱自己的亲人最为重要。孟子说，"仁"这个字的含义就是"人"，仁是人的本心，就是仁慈、恻隐之心，自利利他。把"仁"和"人"合起来讲，就是道。教育就是要唤起每个人自身本具的仁爱之心，尊重生命，使自己及他人的生命都能得到茁壮成长，使人性向善。

仁对于人来说至关重要，自古道仁爱之理，自天子以至于庶人，都不可废弃。一个人有了仁爱之心，就能够从自己的五伦关系入手，力行孝悌忠信、礼义廉耻，将心比心对待每一个人，从而推及宗亲、乡邻以及他人，进而推广及他人，实现"老吾老以及人之老，幼吾幼以及人之幼"之理想。身为国君，则会施行仁政，使百姓富裕，无衣食物质之忧虑，继而教化人民，唤起人人的仁爱之心，使每个人乐于向善，乐于向

道，使百姓都能在仁爱的环境下生活，如尧舜、周文王等。为官者，就
会协助国君施行仁政，真心地为他人服务，为百姓服务，具备了"先天
下之忧而忧，后天下之乐而乐"的情怀，居庙堂之高则忧其民，处江湖
之远则忧其君，满腔热血都是希望百姓幸福安乐，如范仲淹、海瑞等；
教育者具备了仁爱之心，就会传播仁义，使人人相互亲爱，如孔子、孟
子及其弟子等；如此，就会呈现国君行事合乎道义，臣子忠国爱民，父
亲慈爱，儿子孝顺，兄长友爱，弟弟恭敬的和谐景象，所以，具备仁爱
心的人眼中，天下只有三种人：老者、朋友、少者，所以仁义之人的理
想目标是，"老者安之，朋友信之，少者怀之"。

相反，如果丧失这份仁爱之心，臣弑君、子杀父、妻害夫等等灭绝
人性的现象都会出现。纵观人类历史，在这方面的教训太惨痛了。民众
失去了仁心，将陷于父子反目，夫妻成仇，朋友欺诈之混乱状态，从事
各种行业的人，无论士农工商医，皆唯利是图，以利益为第一追求目标，
全然不顾他人死活。国君如果没有仁爱之心，施行治国将会不遵循道义，
按自己的意志去做、行事，无惧于陷万民于危难之地，如桀纣等；百官
没有了仁心，不能信守为臣之道，更不可能协助劝谏国君施行仁政，反
而将国家委托的国之利器，视之为敛财、逞淫威、欺诈盘剥百姓的工具，
从而陷百姓于水深火热之中，民不聊生，如秦桧、和珅等；教育者丧失
了仁爱之心，思想悖逆而又心存险恶，行为邪僻而又坚定固执，言语错
误却又能言雄辩，散布谣言创造理论，言论错误还要为之润色。以功利
为目标，所学只是为了赚钱盈利，换取腰包的丰满。陶渊明不为五斗米
折腰，志者不食嗟来之食的风格荡然无存。如此，将一个活生生的人间
世界变为人间地狱。

《礼记》云："建国君民，教学为先。"治国安民第一要务就是推行
道德教化，而推行道德教化首要就是要唤醒人类的仁爱之心。是故圣
贤圣王知人间利害关系，将仁爱列为人教化之首要目标，把"施行仁
政""仁爱教育"作为目标，就是希望人与人及其他生命能和谐共存，这

是集"修身、齐家、治国、平天下"为一体的大道。如果一遇到问题，就急于来拷问制度，世上有完美的政策和制度吗？没有。再完善的制度到了一个没有仁爱之心的人手里，都会变成坏制度。英国经济学家亚当·斯密说过这样一句话："一切统治设施，不过是智慧与美德不足时的一个不完美的补救办法。所以凡能够归功于政绩的东西，其背后必定有更高层次的人的智慧与美德。"英国历史学家汤因比博士说："避免人类自杀之路，在这点上现在各民族中具有最充分准备的，是两千年来培育了独特思维方法的中华民族。"这种"独特思维方法"，就是儒家的"忠恕仁爱，推己及人"和佛家的"慈悲济度，悯诸物类"。

母者，生育子女并使子女生也，子女是父母生命的延续，作为母亲，施教的第一人，首先要培养子女的"仁爱心"和"慈悲心"，应该教会子女真正知道生命的价值，尊重己灵，使生命处于一种适合生长的环境，这是母亲最根本的职责。

附十八：仁篇八人

1. 柳卢睦族

唐柳镇妻卢氏，七岁，通毛诗。归柳后，孝舅姑，睦姻族，仁孝益闻。镇在朝为御史，凡诸伯叔母诸姑姊妹及其子，虽远在千里外，具迎以来。卢承事唯谨，尊于己者卑下之，卑于己者畜①慈之，敌己者友爱之，各得其欢心。子宗元，女二，皆贤孝。人以为太君教训所渐云。

传载柳卢氏当岁恶，食不足。而食诸孤之幼者恒充也。诸姑有归者，废寝食为装赍②。子宗元，生四岁，家无书，亲授古赋十四首讽传之，以诗礼图史及女工授诸女。后皆为贤妇，是悌中之尽礼者。（选自《德育课本》）

---

① 畜：培养；培育。
② 赍：音 jī，旅行的人携带衣食等物。

【译文】

唐朝柳镇的夫人卢氏，在七岁的时候就精通《毛诗》。后来嫁到柳家，她服侍公公婆婆非常的孝顺，对待亲戚宗族们也很和睦，于是她的仁义孝顺更加闻名了。柳镇在朝廷里做了御史的官，凡是他的伯母、婶母、姑母姊妹，以及子侄外甥辈，即使远隔千里路程，她也准备了一切，去迎接来同住。卢氏对待他们很恭谨，比自己尊长的人，就对他们很尊敬，自己很谦卑；比自己小的人，就对他们很慈爱；和自己平辈的，就对他们很友爱；总之把这些人照顾得很开心。她的儿子柳宗元，还有两个女儿，都很贤德孝顺。人家说这是卢夫人教训的效果。

据记载，柳镇的妻子卢氏，在当年天气恶劣，粮食收成不足的时候，也让自己身边的小孩都能够吃饱。当她的亲戚回家的时候，她废寝忘食为他们整理行装。她的儿子柳宗元，四岁时，家里没有书，她亲自教他古诗十四篇，以背诵的方法讲给他听。用诗礼图史和女工来教各个女儿，她们后来都成了贤妇。卢氏真是孝悌礼节做得很好的人。

2. 袁母仁厚（三则）

三兄早世。吾母哭之哀，告余曰："汝父原说其不寿，今果然。"因收七侄、八侄，教育之如吾兄弟幼时，茹苦忍辛，盖无一日乐也。远亲、旧戚每来相访，吾母必殷勤①接纳，去则周之。贫者，必程②其所送之礼，加数倍相酬；远者，给以舟行路费，委屈周济，惟恐不逮③。有胡氏、徐氏二姑，乃陶庄远亲，久已无服④，其来尤数，待之尤厚，久留不厌也。刘光谱先生尝语四兄及余曰："众人皆趋势⑤，汝家独怜贫。吾与

---

① 殷勤：热情周到。

② 程：衡量、估量。

③ 不逮：达不到的地方。逮，及，达到。

④ 无服：古丧制指五服之外无服丧关系称"无服"。

⑤ 趋势：趋奉权力。

汝父相交四十余年，每遇佳节，则穷亲满座，此至美风俗也。汝家后必有闻人①，其在尔辈乎。"（选自《庭帏杂录·袁衮》）

【译文】

三兄早年去逝。母亲哭得很伤心，告诉我说："你父原来就说他不长寿，如今果然如此。"于是收养七侄、八侄，教育他们像我弟兄们小时候一样，含辛茹苦，没有一天能快乐。

远亲旧戚每次来拜访，母亲一定热情周到接待，离开时则周济。家庭贫穷的，一定估量他们所带的礼物，加数倍偿还；路途远的，给予舟行路费，委屈自己周济亲戚，唯恐不周到。有胡氏、徐氏二位姑姑，是陶庄的远亲，早已出了五服，她们来往我家尤其频繁，母亲接待她们尤其丰厚，久留长住也不生厌倦。刘光谱先生曾对四兄和我说："众人都趋炎附势，唯独你家怜弱爱贫。我与你父亲交往四十余年，每遇佳节，都穷亲戚满座，这是最好的家风啊。你家后代中一定有闻名于世的人，应该就在你们这一辈吧！"

比邻②沈氏世仇予家。吾母初来，吾弟兄尚幼。吾家有桃一株，生出墙外，沈辄锯之。予兄弟见之，奔告吾母，母曰："是宜然③，吾家之桃岂可僭④彼家之地。"沈亦有枣生过予墙，枣初生，母呼吾弟兄戒曰："邻家之枣，慎勿扑⑤取一枚。"并诫诸仆为守护。及枣熟，请沈女使至家面摘之，以盒送还。

吾家有羊走入彼园，彼即扑死。明日彼有羊窜过墙来，群仆大喜，

---

① 闻人：意为赞许其知识渊博、才华出众、闻名于世。

② 比邻：相邻而居。

③ 宜然：应该这样。

④ 僭：音 jiàn，超越本分，古代指地位在下的冒用在上的名义或礼仪、器物。

⑤ 扑：击也。

亦欲扑之以偿昨憾①。母曰："不可。"命送还之。

沈某病，吾父往诊之，贻之药。父出，母复遣人告群邻，曰："疾病相恤，邻里之义。沈负病家贫，各出银五分以助之。"得银一两三钱五分，独助米一石②。由是沈遂忘仇感义，至今两家姻戚③往还④。古语云：天下无不可化⑤之人，谅哉！（选自《庭帏杂录·袁襄》）

【译文】

近邻沈氏世代仇恨我家。我母亲刚来时，我们弟兄俩还年幼，我家有一棵桃树，树枝长出墙外，沈家就锯断了它。我们俩看见，就跑回家告诉母亲，母亲说："这是应该的，我家的桃树怎么可以占别人家的地方。"沈家也有枣树长过我家的院墙，刚结枣时，母亲呼喊我弟兄告诫说："邻家的枣，小心不要打取一枚。"并告诫各位仆人守护。等到枣熟，请沈家女使到我家当面摘了，用盒子装好送还。

我家有羊跑入他家园子，他们就把羊打死。第二天沈家有羊窜过墙来，仆人们非常高兴，也想打死以报昨天的怨恨。母亲说："不可以。"命把羊送归沈家。

沈某生病了，我父亲前往为他诊治，并赠送药物。父亲离开后，母亲又派人告众乡邻说："有疾病大家体恤帮助，这是邻里相处的道义。沈家由于生病家境贫困，希望大家各出银五分来帮助他。"共筹得银一两三钱五分，母亲又独自资助一石米。于是沈家忘记仇恨、感谢恩义，至今两家结为姻戚互相交往。古人云：天下没有不能向善的人，要宽恕啊！

① 憾：怨恨。
② 石：容量单位，十斗为一石。
③ 姻戚：犹姻亲，姻指女方。
④ 往还：交往。
⑤ 化：使人向善。

有富室娶亲，乘巨舫^①自南来，经吾门风雨大作，舟触吾家船坊^②，倒焉。邻里共捽^③其舟人，欲偿所费。吾母闻之，问曰："媳妇在舟否？"曰："在舟中。"因遣人谢诸邻。曰："人家娶妇，期于吉庆，在路若赔钱，舅姑以为不吉矣。况吾坊年久，积朽将颓^④，彼舟大风急，非力所及，幸宽之。"众从命。（选自《庭帏杂录·袁襄》）

【译文】

有一富裕的家庭娶亲，乘大船从南边来，路过我家门前时风雨大作，船撞倒我家的船坊。邻里一起揪住大船上的人，要让他们赔偿损失。母亲听到后，问道："新媳妇在船上吗？"邻居回答说："在船上。"母亲于是派人感谢诸位乡邻。说："人家娶亲，期望吉庆，在路上若赔钱，公婆会认为不吉利。况且我家船坊年久失修，将要倒塌，那个船大风急，非人力所能达到，希望宽恕他们。"众人听从了吩咐。

3. 待下宽仁

沈心松夫人袁氏，即了凡先生姑也。了凡叙之，我姑亦厚德，未尝疾言遽色。予偶作厨中半晌^⑤，见所行三事，不愧古人。时表兄有疾，姑亲携好酒一碗置桌上。仆文成自外入，覆^⑥之于庭。姑询其故。曰："我谓是茶耳！"姑曰："汝不知，原无过。自今凡事当仔细，千粒米难成一滴酒也。"其人愧悔可掬，盖耿耿^⑦数言，严于捶楚^⑧。又有小童持盘，尽覆厨下，其母自责之。姑望见，急止之曰："此非故意，何得责？但

---

① 舫：连舟曰舫，就是并连起来的两船。

② 船坊：河边用船为店铺。

③ 捽：音 zuó，揪、抓。

④ 颓：倒塌。

⑤ 半晌：半天；半日。

⑥ 覆：翻，倾倒。

⑦ 耿耿：明亮，显著，鲜明的意思。

⑧ 捶楚：杖击；鞭打。古代杖刑。

弃其碎者，勿留以伤人之足，可也。"一田保附舟^①问病^②，姑为具酒食，且送舟金；复度所送二物，加厚答之。语予曰："贫人问病，大是好心，岂可令其折本吁^③！"片时所见，皆中伦理如此。"生子科、孙道原，皆登进士。（选自《德育古鉴》）

【译文】

（明朝时期）沈心松先生的夫人袁氏，是袁了凡的姑姑。袁了凡曾描述：我姑姑也颇厚德，未曾疾言厉色。我曾经坐在厨房内半天，看她日常生活中的三件事，不愧古人。当时，表兄有病，姑姑亲手放置一碗好酒在桌子上。有一位仆人名叫文成，从外面进来，将那一碗酒倒在庭院。姑姑询问他原因，他回答："我以为是茶！"姑姑说："你不知道，原本也没什么过错。从今以后，凡事应当仔细，许多粒米也难做成一滴酒啊！"文成颇感羞愧，姑姑简单明了数句话，比打骂还有效。

又有一位小孩端着瓷盘，不小心在厨房翻落。他母亲责骂他。姑姑看见立即阻止她说："这又不是故意的，怎么可以责备他呢？只要把碎片扫干净，不要留下来伤害别人的脚，就行了！"

有一位田保坐船来探病，姑姑为他准备酒食，并且送他坐船的钱；并且预计他所送礼物，加厚回报他。她告诉我："贫穷的人来探病，一片热忱和善心就够令人敬佩了，岂可让他再赔本呢？"我观看片刻，发现她的一举一动都非常合乎伦理。后来，她的儿子沈科，孙子沈道原，也都考上进士。

4. 诚斋夫人

杨诚斋^④夫人罗氏，年七十余，每寒月黎明即起，诣厨躬作粥一釜，

---

① 附舟：附肩的意思。

② 问病：问候病人。

③ 吁：音 xū，叹词。

④ 杨诚斋：即杨万里，字廷秀，号诚斋，吉州吉水（今江西吉水）人。

遍享奴婢，然后使之服役。其子东山先生启曰："天寒何自苦如此？"夫人曰："奴婢亦人子也。"东山守吴兴，夫人尝于郡圃种芝^①，躬纺缉^②以为衣，时年盖八十余矣。东山月俸，分奉母。夫人忽小疾，既愈，出所积券，曰："此长物^③也，自吾积此，意不乐，果致疾。今宜悉以谢医，则吾无事矣。"平居首饰止于银，衣止于绸绢。生四子三女，悉自乳，曰："饥人之子，以哺吾子，是诚何心哉？"诚斋父子，视金玉如粪土。诚斋、东山清介^④绝俗，固皆得之天资，而妇道母仪所助亦已多矣。（选自《诚斋夫人》）

【译文】

（宋朝）杨万里的夫人罗氏，年纪已经七十多岁了，每年冬天，黎明的时候就起床，到厨房里亲自煮一锅粥，每一个仆人婢女都吃过了热粥之后，才让他们工作。她的儿子东山对她说："（娘，）天气这么冷，您这是何苦呢？"诚斋夫人说："仆人婢女也是别人的孩子啊！"

东山担任吴兴太守的时候，诚斋夫人曾在田圃种植麻，并亲自纺线织成衣服，当时已有八十多岁。东山把自己月俸的一部分用来侍奉母亲。诚斋夫人有一天患了小病，已经痊愈之后，拿出自己所有的积蓄，说："这是多余的东西，自从我积蓄这些东西以来，心里就不快乐，果然患病了。现在应该全部拿出来感谢大夫，那么我就没事了。"平时生活中的首饰仅仅是银的，衣服仅仅是绸绢。（诚斋夫人）生育了四个儿子三个女儿，全部自己哺乳，说："饿着别人的孩子，来喂着自己的孩子，这究竟是什么样的心呢？"杨万里父子，把金玉看作粪土。杨万里和杨东山清正耿直，超越寻常，这固然和他们与生俱来的资质有关，但也与诚斋夫人遵守的道德规范和为人母的仪范有相当大的关系。

---

① 芝：麻。

② 缉：把麻折成缕连接起来。

③ 长物：多余的东西。

④ 介：正直。

5. 隽不疑母

隽不疑字曼倩，勃海人也。治《春秋》，为郡文学，进退必以礼，名闻州郡。擢为京兆尹^①，赐钱百万。京师吏民敬其威信。每行县录囚徒^②，还，其母辄问不疑，有所平反^③，活几何人耶？不疑多有所平反，母喜，笑为饮食，言语异于它时。或亡所出，母怒，为不食。故不疑为吏严而不残^④。君子谓不疑母能以仁教。（选自《汉书·隽不疑传》）

【译文】

汉朝时期，隽不疑，字曼倩，是渤海郡人。曾研究学习《春秋》，做渤海郡的文学官，一举一动一定依礼行事，闻名整个渤海郡。皇上提拔隽不疑做京兆尹，赏赐百万钱。京城官吏百姓都敬重他的威信，隽不疑每次到县里审查记录犯人的罪状回来，他的母亲总是问："有可以平反的人吗？能让多少人活下来？"如果隽不疑说多数有平反的人，他的母亲就高兴，吃饭说话也与其他时候不一样；有时没有能释放的，他的母亲就生气，为此不吃饭。所以，隽不疑做官严厉却不残忍。君子说不疑的母亲以仁爱来教育儿子。

6. 房景伯母

清河房爱亲妻崔氏者，同郡崔元孙之女也。性严明^⑤，有高节^⑥，历

---

① 京兆尹：汉三辅之一，秦置内史官掌治京师。汉景帝二年，分置左右内史。武帝太初元年，改右内史为京北尹。下辖十二县。其长官也称京兆尹。

② 行县：巡视下属各县。录囚徒：省察囚犯有无冤情。

③ 平反：纠正原来的错误判决。轻重适宜为平，推翻旧案为反。

④ 残：残酷。

⑤ 严明：严肃而公正。

⑥ 高节：高其节操，坚守高尚的节操。

览书传，多所闻知。亲授子景伯、景光九经①义，学行修明②，并当世名士。景伯为清河太守，每有疑狱，常先请焉。贝丘人列子不孝，吏欲案之，景伯为之悲伤，入白其母。母曰："吾闻'闻名不如见面③'，小人未见礼教，何足责哉！但呼其母来，吾与之同居，其子置汝左右，令其见汝事吾，或应自改。"景伯遂召其母，崔氏处之于榻，与之共食。景伯为之温清④，其子侍立堂下。未及旬日，悔过求还。崔氏曰："此虽颜惭，未知心愧，且可置之。"凡经二十余日，其子叩头流血，其母涕泣乞还，然后听之，终以孝闻。（选自《北史·列传第七十九》）

【译文】

南北朝时，河北清河县房爱亲的妻子崔氏，是同县崔元孙之女。性情严肃而公正，坚守高尚的节操，遍览书传，博闻广知。崔氏亲自教授房景伯、房景光九部经书的大义，房景伯、房景光的学问和品行都很出色，并且都是当世名士。后来她的大儿子房景伯在清河郡做太守，每当有疑惑难断的案子，常常先请问自己的母亲。有一个贝丘县的妇人，来向官府告她儿子不孝的行为，官府就准备把妇人的儿子治罪，景伯为此事悲伤，就入内室告诉母亲。房景伯的母亲说："我听说'闻名不如见面'，这些小民未曾受学，不知礼教，有什么值得怪罪的？你把他的母亲叫来，我与她一起居住，他的儿子放在你的身边，让他看你每日侍奉我，或许自己就改了。"房景伯把那个妇人叫到衙门里来，崔氏让她和自己同在一起住，同在一起吃。每日房景伯去问候崔氏起居的时候，那个妇人的儿子就立在堂下看着。果然不到十天工夫，那个妇人的儿子就说改悔

① 九经：指《诗经》《书经》《礼记》《周礼》《易经》《春秋》《论语》《孝经》《孟子》。

② 学行：学问品行。修明：昌明，学问和品行都很出色。

③ 闻名不如见面：只听名声不如见面更能了解。

④ 温清：音 wēn qìng，冬天温被使暖，夏天扇席使凉。借指生活起居，侍奉父母之礼。

了，要求回去。崔氏说："这时候，他还是面子上的惭愧，并不是心里真的惭愧，且不要理他。"后来过了二十多天，那个妇人的儿子叩着头流了血出来，他的母亲也流着眼泪要求回去，于是才叫他们母子回去。后来那个妇人的儿子，竟以孝顺出了名。

7. 郑善果母

隋郑善果母者，清河崔氏之女也。年十三，出适①郑诚，生善果。而诚讨尉迥，力战死于阵。母年二十而寡。善果以父死王事，年数岁，拜使持节、大将军，袭爵开封县公，邑一千户。开皇初，进封武德郡公。年十四，授沂州刺史，转景州刺史，寻为鲁郡太守。

母性贤明，有节操，博涉书史，通晓治方。每善果出听事，母恒坐胡床，于鄣后察之。闻其剖断合理，归则大悦，即赐之坐，相对谈笑。若行事不允，或妄嗔怒，母乃还堂，蒙被而泣，终日不食。善果伏于床前，亦不敢起。母方起谓之曰："吾非怒汝，乃愧汝家耳。吾为汝家妇，获奉洒扫，如汝先君，忠勤之士也，在官清恪，未尝问私，以身徇国，继之以死②，吾亦望汝副其此心。汝既年小而孤，吾寡妇耳，有慈无威，使汝不知礼训，何可负荷忠臣之业乎？汝自童子承袭茅土③，位至方伯④，岂汝身致之邪？安可不思此事而妄加嗔怒，心缘骄乐，堕于公政！内则坠尔家风，或亡失官爵，外则亏天子之法，以取罪戾。吾死之日，亦何面目见汝先人于地下乎？"（选自《隋书·列传第四十五》）

【译文】

隋代郑善果的母亲，是清河崔氏家族的女儿。在十三岁时，嫁给郑

———

① 出适：出嫁。

② 继之以死：不惜一死来把某事继续下去，形容决心很大。

③ 茅土：指王、侯的封爵。古天子分封王、侯时，用代表方位的五色土筑坛，按封地所在方向取一色土，包以白茅而授之，作为受封者得以有国建社的表征。

④ 方伯：殷周时代一方诸侯之长。后泛称地方长官。汉以来之刺史，唐之采访使、观察使，明清之布政使均称"方伯"。

诚，生下善果。郑诚在征讨尉迟迥时，奋勇作战而死在战场上，善果的母亲才二十岁就成了寡妇。郑善果因为父亲是为朝廷的事情战死的，所以才几岁就被任命为使持节、大将军，继承父亲的爵位为开封县公，享有一千户的封邑。开皇初年，又被升任为武德郡公。年龄才十四岁时，被授予沂州刺史，后又改任景州刺史，不久又担任鲁郡太守。

善果母亲生性贤德聪明，有节操，她广泛地阅读过各种书、史等，懂得处理地方事务的方法。每当郑善果到厅堂处理政务，他母亲总是坐在胡床上，在帏帐后面听儿子判案。听到儿子分析判断处理问题合理，儿子回来后她就显得很高兴，就马上让儿子坐下，母子两人相对谈话说笑。如果儿子办事不公允，或者无端发怒，母亲回到屋里，就蒙面而哭，整天不吃饭。善果跪在母亲床前不敢起来。母亲这才起来，对他说："并不是我对你发怒，只是对你家感到羞愧。我是你家的媳妇，能在你家洒扫侍奉，知道你父亲是个忠诚勤奋的人，为官清廉，未尝营私，最终以身殉国。我希望你也要有与你父亲一样的心肠。你年幼丧父，我丧夫守寡，有慈无威，使你不懂得礼训，你又怎能胜任忠臣的事业？你自孩童之时就承袭封位，如今位至地方官，这难道是你自己努力所获得的吗？怎么不去想想这些事情，却妄加发怒，心里想着骄奢取乐，怠于公务。对内败坏家风，丢失世爵；对外又损害了天子的法令，自取罪过。那样的话，我死的时候又哪有脸面在地下与你父亲见面呢？"

8. 尹会一母

尹公弼妻李，博野人。公弼早卒，家贫，舅姑老，父母衰病，无子。养生送死，拮据黾勉^①。教子会一有法度。通籍^②，出为襄阳府知府，

---

① 黾勉：音 mǐn miǎn，勉力；努力。

② 通籍："籍"是二尺长的竹片，上写姓名、年龄、身份等，挂在宫门外，以备出入时查对。"通籍"谓记名于门籍，可以进出宫门。因此后来便称做官为"通籍"。

李就养。雨旸^①不时，必躬自跽^②祷，禳^③疫驱蝗亦如之。冬寒，民六十以上，量予布帛。襄阳民德之，为建贤母堂。李赋诗辞之，不能止。会一移扬州府知府，扬州俗奢，李为作女训十二章，教以俭。累迁河南巡抚，所至节俸钱，畀高年布帛，周贫民，佐军饷，皆以母命为之。民间辄为立生祠，如在襄阳时。会一内擢左副都御史，李以疾不能入京师。陈情归养。复以母命，里塾社仓次第设置。居数年，高宗赐诗嘉许，榜所居堂曰"荻训松龄"。卒，年七十八。（选自《清史稿·列传二百九十五》）

【译文】

清朝，尹公弼的妻子李氏，博野县人。尹公弼早年就去世，家境很贫穷。李氏的公婆年纪很老，李氏自己的父母又体衰多病，没有儿子。李氏承担了养生送死的责任，经济状况经常拮据，李氏都勉力维持。李氏教诲儿子尹会一有法度，尹会一后来做官，出任了襄阳府知府，迎着母亲在任内奉养。府境内，天晴天雨不合农时，李氏就亲自设坛祈晴或祈雨，有瘟疫灾害或蝗虫灾害的时候，她也是亲自设坛祈祷消灾。寒冷的冬天到了，六十岁以上的穷人，李氏就根据数量赠予布帛。襄阳府的老百姓对李氏感恩不尽，建"贤母堂"纪念她。李氏赋诗推辞，也不能制止。

后来尹会一调任扬州府知府，扬州府境内的社会风气非常奢华。李氏撰写女训十二章，教导民众简朴。后来尹会一升迁河南省巡抚，李氏督促尹会一节省自己薪俸，用来给予老人布匹，接济贫苦，补充军费，尹会一都按照母亲的要求去做。民间为她建立生祠，如同在襄阳一样。后来尹会一任左副都御史，李氏因为有病，不能去京师。尹会一就陈情朝廷让他回乡去奉养母亲。在这期间，尹会一奉李氏命先后设置学塾、社仓等增进民间福利的设施。过了几年，乾隆皇帝赐诗嘉许李氏的善行，

---

① 雨旸：谓雨天和晴天。旸，音 yáng

② 跽：音 jì，长跪。长时间双膝着地，上身挺直。

③ 禳：音 ráng，祈祷消除灾殃。

并且给她所住的厅堂题赠"荻训松龄"的匾额。李氏七十八岁去世。

第二节　义

　　义是人的大道，是做人的约束、规范、规矩，是人之正路。义者，宜也，就是因时制宜，因地制宜，因人制宜的意思。是指天下合宜的道德、行为或道理，指公正、合理而应当做的。孔子最早提出了"义"，是指思想行为符合一定的标准，是用来维系和调整人与人关系的准则，而以尊重贤人最为重要。

　　仁者是充满慈爱之心，满怀爱意的人；在仁者的眼中所有人都是平等的，只有贴近仁与远离仁的人。从本质上来说，每个人都是一样的，都可成为圣贤，但同样也都可以成为小人。天下没有人认为自己是不正义的，即便是罪犯也认为自己是对的。如果仅凭每个人认为自己是正义的，那么君子、小人，仁者、奸人也就没有区别了。什么是权衡的标准呢？回答说：就是义。这个"义"，是人们应该遵循的法则，君子应遵循的法则。"义"能治理国家，国家没有"义"就不能得到治理。古时候，圣王治理天下，并不需要把每件政事都告示百姓，但一切事情都能获得成功，政通人和，原因就是从天子开始一直到下面的老百姓，人人都要以修养自身为根本，而圣王与百姓修养自身的标准就是"义"，这样上下都能同心同德，所以，把社会治理好的关键在于了解"义"，一个人的心里不能不懂得"义"。如果心里不懂得"义"，就会否定"义"而认可违背义的东西，从而做出违背义的事情。所以，作为一个人，首先需要了解"义"，肯定"义"，然后能够固守义来禁止不合义的事情。

　　《孟子·告子章句上》里，孟子说："仁是人的本心；义是人的大道。"鱼得到水才能游得快乐；如果池塘决口水干涸，脱离了水的鱼就可能被蝼蛄、蚂蚁所吞食。国家有赖以生存的东西，人也应有赖以生存的东西，国家和人赖以生存下来的东西都是"仁义"。一个国家一旦到了不讲"仁义"，那即使大国也必亡无疑；一个人一旦没有了"仁义"，就是勇武有力也必定会受到伤害。撇开自己所能做、所应做的事，而要求自己去做那些自己无法控制的、自己不应做的事，这实际上是违背了事理。

孟子进一步说："生命是我所想要的，义也是我所想要的，如果这两样东西不能同时得到，那么我宁愿牺牲生命而选取大义。生命是我所想要的，但我所想要的还有胜过生命的，所以我不做苟且偷生的事；死亡是我所厌恶的，但我所厌恶的还有超过死亡的事，所以有的灾祸我不躲避。当'义'和'不义'同时出现时，贤人英勇的选择了'义'，这种思想不仅贤人有，人人都有，只不过是贤人能够不丢掉罢了。以当时的现实来说，似乎不是福。而从他们的道德传给后世这方面来说，哪里有超过这个福的呢？而且千百年后，从天子到老百姓，没有不景仰的。"所以，君子做学问，就是把心放在道义上，事事以义为处世准绳。这些做人的道理相当浅易，并且就在我们的身边，就看我们是做还是不做；但有些人却要到远处去寻找这些道理，所以总是无法得到。

《易经》云："家有严君焉，父母之谓也。"严君就是指父母能严格的以道义教育子女，问责子女，绝不苟且，这才是对子女真正的爱护，成就子女。

附十九：义篇十人

1. 孟母励子

孟子处齐，而有忧色。孟母见之曰："子若有忧色，何也？"孟子曰："不敏。"异日闲居，拥楹①而叹。孟母见之曰："乡②见子有忧色，曰'不也'，今拥楹而叹，何也？"孟子对曰："轲闻之，君子称身而就位，不为苟得而受赏，不贪荣禄。诸侯不听，则不达其上。听而不用，

① 楹：厅堂前面的柱子。
② 乡：同"向"，曾经，以前。

则不践其朝。今道不用于齐，愿行而母老，是以忧也。"孟母曰："夫妇人之礼，精五饭①，幂酒浆②，养舅姑，缝衣裳而已矣。故有闺内之修，而无境外③之志。《易》曰：'在中馈，无攸遂④。'《诗》曰：'无非无仪，惟酒食是议⑤。'以言妇人无擅制⑥之义，而有三从⑦之道也。故年少则从乎父母，出嫁则从乎夫，夫死则从乎子，礼也。今子成人也，而我老矣。子行乎子义，吾行乎吾礼。"君子谓孟母知妇道。《诗》云："载色载笑，匪怒伊教。"此之谓也。

颂曰：孟子之母，教化列分。处子择艺，使从大伦。子学不进，断机示焉。子遂成德，为当世冠。（选自《列女传·母仪传·邹孟轲母》）

【译文】

战国时期，孟子在齐国时，有时面带忧愁，孟母见了，就问："你好像有忧心事，怎么了？"孟子说道："没什么。"又有一天，孟子闲居在家，靠着柱子叹息。孟母见后问道："上次我见你面带忧愁，问你，你说'没什么'，今天你靠着柱子叹息，这是怎么回事？"孟子答道："我听说，君子要根据自己的能力来任职，不苟且求得赏赐，不贪图荣誉禄位。诸侯不听从自己的主张的话，就不必到他们那里去，听了主张但又不实践，就不用继续觐见。现在齐国不实行我崇尚的道义，我想到别处去，但是母亲您年纪大了，不便远行，我因此而忧愁。"孟母说道："作

---

① 五饭：以稻、黍、稷、麦、菽五种谷物做成的饭。

② 幂：音 mì，覆盖。用布覆盖。覆物之巾。酒浆：泛指酒。

③ 境外：指闺阁之外。

④ 在中馈，无攸遂：《易·家人》"六二·无攸遂在中馈"。言妇女在家中管理好家务，没有专断的权力。

⑤ 无非无仪：《诗·小雅·斯干》第九章注：仪，善也。有非，非妇。有善，非妇也。盖妇以顺为正无非足矣。有善则亦非其吉祥可原之事也。唯酒食是议则可矣。

⑥ 擅制：专断。

⑦ 三从：妇人有三从之仪，无专用之道。故未嫁从父，既嫁从夫，夫死从子。见《仪礼》。

为一个妇女，按礼的要求，只要精通做五种饭酿酒，侍奉公婆，缝制衣裳就行了。所以她们只需要操持家务，对家中以外的事情就不用过问。《易经》上说'要做家务事，不要有所失职。'《诗经》中说：'不要违背礼仪，只需考虑酒食家务之事。'说的便是妇女不要擅越礼制，要遵循三从无专制的品德，所以女子未嫁时就要顺从道义孝敬父母，出嫁后顺从道义辅助丈夫，丈夫死了要顺从道义成就儿子，这是礼的规定。现在你已经成人了，而我也已经老了。你行你的道义，我行我的礼法。"君子称赞孟母深谙妇道。《诗经》中说："和颜悦色面带微笑，善于教导不生气。"说的就是这个道理。

颂说：孟子的母亲，善于教化。安排儿子选择技艺，让他能遵从大伦。儿子学习不上进，她剪断织布，加以警示。儿子终于成就大德，成为当世儒家之冠。

2. 范滂之母

范滂[①]字孟博，汝南征羌人也。少厉清节，为州里所服，举孝廉，光禄四行[②]。……建宁二年，遂大诛党人，诏下急捕滂等。督邮吴导至县，抱诏书，闭传舍，伏床而泣。滂闻之，曰："必为我也。"即自诣狱。县令郭揖大惊，出解印绶，引与俱亡，曰："天下大矣，子何为在此？"滂曰："滂死则祸塞，何敢以罪累君，又令老母流离乎！"其母就与之诀[③]。滂白[④]母曰："仲博[⑤]孝敬，足以供养，滂从龙舒君[⑥]归黄泉，存亡各得其

① 范滂（pāng）（137—169）：东汉官员。字孟博，汝南征羌（今河南漯河市召陵区）人，江夏八俊之一。
② 光禄四行：敦厚、质朴、逊让、节俭。
③ 诀：辞别，多指不再相见的分别。
④ 白：陈述，率直。
⑤ 仲博：范滂之弟。
⑥ 龙舒君：范滂之父范显，曾为龙舒侯相，时已故，龙舒，汉代侯国名。

所。惟大人割不可忍之恩，勿增感戚。"母曰："汝今得与李、杜^①齐名，死亦何恨！既有令名，复求寿考^②，可兼得乎？"滂跪受教，再拜而辞。顾谓其子曰："吾欲使汝为恶，则恶不可为；使汝为善，则我不为恶。"行路闻之，莫不流涕。时年三十三。（选自《后汉书·范滂传》）

【译文】

东汉范滂字孟博，汝南征羌人。年轻时为人严肃，有清高气节，为州里推崇，举孝廉、光禄四行：敦厚、质朴、逊让、节俭。建宁二年（169年），大批诛杀党人，诏令紧急逮捕范滂等人。督邮吴导到了县里后，抱着诏书，自己关在旅馆中，伏在床上哭泣。范滂听了说："一定是为了我啊！"马上自己去监狱。县令郭揖大惊，出来解除印绶，要与范滂一同逃跑。说："天下这么大，你何必还要在这里不走呢？"范滂说："我死了灾祸就可以平息了，怎么敢因为我的事连累你们呢，又使得我的老母亲流离他乡！"范滂的母亲于是与范滂诀别。范滂对母亲说："弟弟仲博是一个孝敬的人，足以供养您老人家，滂从先父龙舒君归黄泉，存者亡者，各得其所，希望母亲大人要割舍这难以割舍的恩情，不要悲痛。"母亲说："你现在可以和前辈李膺、杜密齐名了，死了又有什么遗憾呢！既然有了美好的名声，又要追求长寿，好事可兼得吗？"范滂跪下来接受母亲的教悔，再三拜别而去。回头对他儿子说："我想要让你成为坏人，但是恶事不可以做。让你成为好人，那么我就不是作恶了。"经过的人听见了，没有人不感动的流下眼泪，这一年范滂三十三岁。

3. 董昌龄母

（唐）董昌龄母杨氏。昌龄常为泗州长史，世居于蔡。少孤，受训于母。累事吴少诚、少阳，至元济时，为吴房令。杨氏潜诫曰："逆顺

---

① 李、杜：李膺、杜密。

② 寿考：谓高年。

之理，成败可知，汝宜图之。"昌龄志未果，元济又署为郾①城令。杨氏复诫曰："逆党欺天，天所不福。汝当速降，无以前败为虑，无以老母为念。汝为忠臣，吾虽殁无恨矣！"及王师逼郾城，昌龄乃以城降，且说贼将邓怀金归款②于李光颜。宪宗闻之喜，急召昌龄至阙，直授郾城令、兼监察御史，仍赐绯鱼③。昌龄泣谢曰："此皆老母之训。"宪宗嗟叹良久。元济囚杨氏，欲杀之，而止者数矣。蔡平，杨氏幸无恙。元和十五年，陈许节度使李逊疏④杨氏之强明节义以闻，乃封北平郡太君。（选自《旧唐书·列女传》）

【译文】

唐朝董昌龄的母亲杨氏。董昌龄曾经是泗州长史，世代居住在蔡地（今河南汝南）。董昌龄年少的时候就失去了父亲，由母亲抚养长大。他曾经在吴少诚、少阳的手下做过官，到吴元济的时候，他是吴房令。母亲杨氏暗地里告诫他："大凡天下事理，是顺天的就可以成功，倘然是逆天的就要失败。在这个地方，你可以仔仔细细地思量一番才好。"董昌龄的心上还决定不下，吴元济又把他调到郾城去做官。母亲杨氏再次告诫说："吴元济这种叛贼，上天是不会保佑他的。你应该早点投降朝廷，不要担忧成败，也不要担忧我。你是大唐的忠臣，我即使死了也没有遗憾！"当朝廷军队攻打郾城时，董昌龄率城投降，而且说服了贼兵将领邓怀金归顺李光颜。唐宪宗听说了很高兴，赶紧召见董昌龄，赐予他郾城令兼监察御史的官职，另外还赏赐了绯袍和鱼袋。董昌龄泣谢道："这都是我母亲的教诲。"唐宪宗感叹良久。吴元济将杨氏关起来，打算杀了她，很多人来阻止。蔡地平定之后，杨氏很幸运地没有出事。元和十五年，陈许节度使李逊将杨氏的明理节义上奏给朝廷，朝廷将杨氏封为

---

① 郾：音 yǎn，地名，在河南省。

② 归款：犹投诚，归顺。

③ 绯鱼：绯袍和鱼袋。

④ 疏：上疏，臣子向帝王分条陈述的意见书。

"北平郡太君"。

4. 苏轼之母

苏轼，字子瞻，眉州眉山^①人。生十年，父洵游学四方，母程氏亲授以书，闻古今成败，辄能语其要。程氏读东汉《范滂传》，慨然太息，轼请曰："轼若为滂，母许之否乎？"程氏曰："汝能为滂，吾顾不能为滂母邪？"（选自《宋史·苏轼传》）

【译文】

苏轼字子瞻，是眉州眉山人。十岁时，父亲苏洵到四方游学，母亲程氏亲自教他读书，听到古今的成败得失，常能说出其中的要害。程氏读东汉《范滂传》，很有感慨，苏轼问道："我如果做范滂，母亲能答应我这样做吗？"程氏说："你能做范滂，我难道不能做范滂的母亲吗？"

5. 陈林义母

宋，陈韡^②妻林氏，知书能文。寇扰汀邵延平诸邑，韡起复，守延平兼招捕使。林氏与韡同赴官所，曰："死则俱死。"郡人见林至，感激相谓曰："太守携家，为死守计，我辈何畏？"有从奔走王事，而妻子无依者，林氏皆延之州宅，日与游处，使其子与己子同学。由是人皆效死。及寇平，郡人怀其德，呼曰义母。事闻，诰封清源夫人。（选自《德育课本》）

【译文】

宋朝陈韡的妻子林氏，有知识，通事理，并且能够做文章。那时候，贼寇经常来袭扰汀邵延平几个地方，陈韡此时重新起用，就在延平地方做着太守官，并且兼任招捕使的官衔。林氏就跟了丈夫一同去上任，并且

---

① 眉州眉山：今日四川眉山市。

② 韡：音 wěi。

说："要死就一同死。"那地方的人，见了太守的家小也同来，于是就很感激地相互讲着："我们看太守带了家小来，就表示着死守城池的计划。这样看来，我们还怕什么呢？"延平地方，有些丈夫为了国事奔走而妻子没有依靠的人，林氏就请她们到衙门里来住着，自己同她们一同相处，叫她们的儿子，和自己的儿子同在一块儿读书。因此这个地方上的人，个个肯尽死效，等到强盗平定了以后，地方上的人纪念林氏的恩德，就称呼她义母。后来这件事传到了朝廷里，皇帝就下诏，封她做清源夫人。

6. 殖母遣子

周齐杞殖①之母，慷慨明大义。殖在齐以勇闻。齐侯将伐卫，为车五乘之宾。殖与华旋皆不得与焉。殖深以为耻，归家不食。母曰："汝生而无义，死而无名，则虽与五乘，人孰不汝笑也？汝若生而有义，死而有名，则五乘之宾，皆为汝之下矣。"趣之食而遣之。及战，殖与华旋先入卫军，齐师从之，乃取卫之朝歌。（选自《德育课本》）

【译文】

春秋时期，齐国勇士杞殖的母亲，行为慷慨，深明大义。她的儿子在齐国，是以勇猛而闻名的。有一次，齐侯想去攻打卫国，就设定了享受五乘爵禄的勇士职位的宾客。杞殖和另外一个勇士名叫华周的，都不在这班宾客的里面。杞殖心里觉得这是平生的大羞耻，于是回到家里，就不肯吃东西了。母亲就说道："你活着的时候不讲道义，死了没有好的名誉。即使把你排在五乘之宾里面，谁又不讥笑你呢？假若你活着的时候重道义，有了行义的行为，死了肯定有好的名誉。那么有五辆车子的宾客，都在你的下面了。"就催促他吃饭，又依旧叫他跟了齐国的军队去攻打卫国。等到两国开战的时候，杞殖同华周两个人，首先攻进卫军里，齐国的军队，也在后面跟着进去，于是把卫国朝歌的地方夺了来。

---

① 杞殖：（?—550），一作杞梁，春秋时齐国大夫。杞，音 qǐ。

7. 楚子发母

楚将子发之母也。子发攻秦，绝粮，使人请于王^①，因归问其母。母问使者曰："士卒得无恙乎^②？"对曰："士卒并分菽^③粒而食之。"又问："将军得无恙乎？"对曰："将军朝夕刍豢黍粱^④。"子发破秦而归，其母闭门而不内，使人数^⑤之曰："子不闻越王勾践之伐吴？客有献醇酒一器，王使人注江之上流，使士卒饮其下流，味不及加美，而士卒战自五也。异日有献一囊糗糒^⑥者，王又以赐军士，分而食之，甘不逾嗌^⑦，而战自十也。今子为将，士卒并分菽粒而食之，子独朝夕刍豢黍粱，何也？《诗》不云乎：'好乐无荒，良士休休。'言不失和也。夫使人入于死地，而自康乐于其上，虽有以得胜，非其术也。子非吾子也，无入吾门。"子发于是谢其母，然后内之。君子谓子发母能以教诲。《诗》云："教诲尔子，式穀似之。"此之谓也。

颂曰：子发之母，刺子骄泰。将军稻粱，士卒菽粒。责以无礼，不得人力。君子嘉焉，编于母德。（选自《列女传·母仪传》）

【译文】

战国时期，楚子发母，是楚国大将子发的母亲。子发攻打秦国，断了粮草，派人向楚王求援。使者顺便到子发家中去慰问子发的母亲。子发的母亲问使者道："士兵们都还好吗？"使者回答说："士兵们都分豆粒吃。"子发母亲又问道："将军还好吗？"使者回答说道："将军每天都

---

① 请于王：向楚王请求援助。

② 恙：疾病。

③ 菽：音 shū，豆类的总称。

④ 刍豢：音 chú huàn，食草者曰刍，食谷者曰豢，指牛、羊与犬、豕等，这里指肉。黍粱：黄米和谷子。

⑤ 数：责备，列举过错。

⑥ 糗糒：音 qiǔ bèi，指干粮。糗：干粮。糒：干饭

⑦ 嗌：音 yì，咽喉。

吃肉吃黄米、谷子。"等到子发打完胜仗回家，他的母亲关上门不让他进来，叫人责备他道："难道你没有听说越王勾践征伐吴国的事情吗？有一个宾客给越王献了一坛美酒，越王让人将酒倒在水流的上游，让士兵们在水流的下游饮用。水中并没增加多少酒的美味，但是战士们打仗的士气就像是增加了五倍。过了几天，有人献给越王一袋干粮，越王又将它赏赐给了军士，士兵们分着吃了，食物只有一点点，刚吃进去就没了，但是战士们的战斗力却增加了十倍。现在你身为楚国大将军，士兵们分豆粒吃，你自己却早晚都吃肉吃黄米、谷子，这是为什么？《诗经》里说：'娱乐而不荒废正事，贤士都高兴。'意思不要与人失和。你让别人辛苦打仗，出生入死，而自己却高高在上贪图享乐。尽管你们打了胜仗，那也不是合理的用兵之术。你不是我的儿子，不要进我的家门。"子发忙向母亲谢罪，才进了家门。君子称赞子发的母亲善于教诲儿子。《诗经》中说："教诲你的儿子，使他像你一样具有美德。"说的就是这个意思。

颂说：子发的母亲，批评儿子骄矜。将军吃谷粱，士卒吃豆粒。责备儿子不知礼，不得人心。君子嘉奖她，将她推为母德典范。

8. 严延年母

严延年母，生五男，皆有吏材，至二千石，东海号曰"万石严姬"。延年为河南太守[①]，所在名为严能。冬月论囚，流血数里，河南号曰"屠伯[②]"。其母常从东海来，欲就延年腊。到洛阳，适见报囚，母大惊，便止都亭[③]，不肯入府。延年出，至都亭谒，母闭阁不见。延年免冠顿首阁下，母乃见之。因责数延年曰："幸备郡守，专治千里，不闻仁义教化，有以全安愚民，顾多刑杀以致威，岂为民父母之意哉？"延年服罪顿首谢。将归，谓延年曰："天道神明，人不可独杀。我不自意老，当见壮

---

① 太守：官名，秦设郡守管理一郡政事，秩二千石，汉景帝时更名太守。

② 屠伯：宰杀牲畜能手，比喻酷吏。

③ 都亭：秦法，十里一亭，郡县置所，则置都亭。

子被刑戮也。行矣，去东海为汝扫除墓地耳。"遂去，后岁余，延年为府丞①所讦②，下御史③案验，遂弃市。东海莫不称母贤智。（选自《闺范》，出自《汉书·严延年传》）

【译文】

西汉时，严延年的母亲生了五个儿子，都是做官的人才，五个儿子俸禄皆二千石，东海人称她为万石严氏老妇。严延年为河南的太守，当地人称其严能。冬天要判决囚犯，流血几里，河南人称他为"屠伯"。他的母亲自东海来，想要在延年那里过腊月，刚到洛阳，就见到官府在点囚犯们的名。这位母亲大吃一惊，便停下来住在都亭，不肯去太守府。他儿子延年从府中出来到都亭想见母亲，母亲关闭楼阁的门不见。延年只好摘去官帽，在阁楼门下叩头。母亲这才出来见他，一见面就责备他说："你侥幸地当了一郡的太守，治理千里之地，不听见你的仁义教化百姓，保全他们平安无事；你却多用刑法杀戮囚犯以显示你的威风，这还有百姓父母官的意思吗？"延年认错，并叩头谢罪。将要走时，严母又对延年说："天道神而明，为人不可喜好杀戮。我没有意识到，老来还要看见他壮年儿子被杀戮。我走了，我回东海将去为你扫除墓地啊！"说完就去了。一年多以后，延年的隐私被他府中的佐吏揭发了，皇帝下诏，将他交御史官去审讯，结果被杀于市。东海人莫不称赞其母贤淑智慧。

9. 李景让母

李景让母郑氏，治家最严。景让为浙西④观察使⑤，尝怒牙将⑥，杀

---

① 府丞：府中佐吏。

② 讦：音 jié，揭发别人的隐私或攻击别人的短处。

③ 御史：官名，掌弹劾纠察之权。

④ 浙西：浙江西部及西北部地区，明清时为杭嘉湖诸府之地。

⑤ 观察使：官名，唐于诸道置观察使，位次于节度使。

⑥ 牙将：偏裨之将。

之，军中谋变。母召景让廷责曰："尔镇抚方面而轻用刑，岂惟上负朝廷？使垂年之母，何面目见汝先人乎？"命左右去其衣，将挞[①]之，将佐皆为之请，不许。固请，乃释之，一军遂定。

方景让幼孤时，母自教训。一日宅后古墙因雨渍陷，得钱盈缸。奴婢喜，走告母。母往，焚香祝之曰："妾闻无劳而获，身之灾也。天必以先君余庆，矜其贫而赐之。惟愿诸孤，他日学问有成，乃其志也，此不敢取。"遽命掩而筑之。三子，景让、景温、景庄，皆举进士及第。

吕氏曰：郑氏以教子之功，定不测之变；财非不义，且弃而不取焉；丈夫行有加于是乎？宜三子之皆为名士也。（选自《闺范》）

【译文】

李景让是唐朝时期并州文水（今山西文水东）人，李景让的母亲郑氏，她治家最严格。李景让做了浙西的观察使，他对偏将发怒并杀了他，军中不满，图谋造反。李的母亲将儿子招来廷前训斥说："你当了官，镇守一方却轻易用刑处决部下，岂止是对上辜负了朝廷？也使我这个垂暮之年的母亲，有何脸面见去世的先人呀？"说完便命左右的人将儿子的衣服脱去，要用杖打他。见此情景，偏将副将们都上来讲情，李母不肯答应，一再请求才不打。全军也就稳定下来。

李景让年幼时就失去了父亲，母亲便自己教育训导他们。有一日，房子后面的右墙因为连日阴雨而塌陷，露出满满一缸钱来。丫鬟们看见，便高兴地去告诉景让的母亲。母亲去看后，便烧香祝愿说："我听说无功而获财物是自身的祸，老天爷必定是因为我那死去的丈夫有阴德，而怜悯我们贫穷，方赐钱给我们。我只求这几个孤儿，将来学问有成，这才是我的志愿。这些钱财，我不敢取用。"马上命人把这缸钱埋掉，墙也筑好。以后她的三个儿子，景让、景温、景庄都中进士。

吕坤说：郑氏母亲以教训儿子的功劳，稳定了军中不测的变化。坏

---

① 挞：打，用鞭、棍等打人。

墙里露出的钱财，并非不义之财。但她也放弃了，不去拿。大丈夫的品行，还有更好于此的吗？她的三个儿子都成为名士是理所当然的。

10. 陈尧咨母

宋，秦国公陈省华妻冯氏，节度使尧咨之母也。治^①家严，三子皆举进士。尧咨守荆南还，冯氏问曰："汝典^②名藩^③，有何异政乎？"尧咨惭谢无有，冯氏意不悦。一日，纵言州当孔道^④，过客与尧咨射，无不让尧咨能者。冯氏大怒曰："汝父训汝以忠孝辅国家，今不务仁政教化，而专一技自名，岂汝父志耶？"杖击之，金鱼坠碎。

吕坤谓：严明哉！陈母，知善射非太守之职，可不谓明乎？子为达宦，而犹以杖击之，可不谓严乎？明而且严，故其三子之皆得显达也。迂者以从子之义责母，谬矣。子正，母从；母正，子从。（选自《闺范》）

【译文】

北宋时，秦国公陈省华的妻子冯夫人，是节度使陈尧咨的母亲。冯夫人治家非常严谨，她的三个儿子，个个都中了进士。陈尧咨做荆南太守任满回来，冯夫人就问："你在有名的地方做了官，有没有突出的政绩呢？"陈尧咨很惭愧地说："没有。"冯夫人听了，心里就不快活了。有一天，家里的人说着闲话，讲到荆南正是往来的要道，过路的客人和陈尧咨较量射箭，没有一个不是让着他的。冯夫人听了大怒起来，说："你的父亲教训你，叫你要尽忠尽孝去辅助国家，现在你做了官，不晓得施行仁政去教化百姓，反而专门学了一种小小的技艺，自己炫耀着，这哪里是你父亲当初教训你的愿望呢？"说完话，就拿了拐杖打他，把他身上佩着的金鱼袋，都打落在地上跌碎了。

---

① 治：管理。

② 典：旧指主持，主。

③ 藩：屏蔽，保卫，藩国，作保卫的封建时代称属国，属地。

④ 孔道：必经之道；四通八达之地。

吕坤说：严明呀，陈母，她知道善于射箭并非一个太守的本职，可不算明智吗？儿子身居要职还拿了拐杖去责打教育他，这可真是要求严格啊。贤明而又严格，难怪她的三个儿子都能身居要职。迂腐的人以"三从"中的夫死从子的礼教来责怪他的母亲，这是不对的。儿子行得正，母亲随从他；母亲行得正，儿子随从他。

第三节　礼

孔子曰："仁者人也，亲亲为大；义者宜也，尊贤为大；亲亲之杀，尊贤之等，礼所生焉。""仁、义、礼"是一个系统，"仁"以爱人为核心，"义"以尊贤为核心，"礼"就是对仁和义的具体规定，是仁和义的体现。

天地四季，并不能直接产生万物，精气接交、阴阳二气融合，万物便自然产生；万物都有其自然规律，人只有按客观规律，才能从事治理。人生下来就有七情六欲，如果无节制地宣泄就会威胁生命，不能控制就要失调，失调就会产生混乱，混乱就会导致灾祸和灭亡。良医总是在病人疾病潜伏的时候给以根治，所以受治疗的人不发病；古代的圣王为了防患于未然，就制定礼仪，及时治理隐患，保持长久的协调发展，这就是礼的起源。圣王根据人有情欲的本性，制定了婚礼，因而界定男女有别；根据人有喜乐的特性，制定了雅颂之音，因而风俗不至于放荡；根据人民珍惜家室安宁、妻儿快乐的愿望特点，教导人们和睦孝顺，因而父子间有亲情；根据人有喜交朋友的特点，教导人们敬重长者，因而长幼有序。在做到上述这些以后，再制定朝见天子聘礼诸侯的礼节，用以分别贵贱；规定宴酒习射的礼节，用以明确长幼次序；定时检阅车马、整顿军队，来学习军事；让子弟进学堂学习，来提高人伦道德修养。这些做法全都是依循人的特性来制定的，然后再由圣人来加以教导培养，使人能成才。所以如果人没有这方面的本性，就难以加以教导；而人有了这方面的本性而没有对此加以教养引导，也不能使人走上正道。这就好像蚕茧有抽丝的特性，但不经过女工的煮熬、牵丝，就不能成为丝线；这也好像禽卵孵化成雏，如不经过雌禽长时间的孵抱温暖，就不能变成雏。这就说明人具有仁义的天性，就非得要经过圣人立出法度来加以教导，否则就不能使他们归入正道。圣人治理天下，并不是要强行改变人民的品性，而是依从人民已经具有的素质，涤荡其中的污浊部分，引导他们向好的方向转化。

对社会而言，礼是一种秩序，是这个社会道德文明程度的直观表征。古代圣王之道，是"仁"的最高体现，是按照最适中的标准去实行的。什么叫作适中呢？答道：就是礼义。礼义好比用秤衡量轻重，好比墨线能衡量木材的曲直，好比规矩能够画圆取方一样，如果治理国家的礼法已经确定，君子如果明察礼的内容，就不能用欺诈虚伪的手段来骗人了，人们就没有谁再能搞欺骗了。治理国家，最重要的是遵行礼法，形成感化，其次才是严明法令。君主进行教化，推崇礼义，依循人们喜好善的特点来引导勉励人们向善行善，开导疏通民众的善良天性；依循人们讨厌恶的特点来禁绝奸邪，堵塞人们萌生邪恶的念头，开启他们向善从善的正道，堵塞其邪道，使之朝着一条正道上发展前进，这民性就会善良，社会风气就美好。因此刑罚不动用，威势就能畅行如流水；政令简约，感化照耀如神灵。

对个人而言，礼是修身的一种标准，是用来端正自身的行为的，是一个人道德素质和教养程度的外在标志。孟子曰："君子所以异于人者，以其存心也。君子以仁存心，以礼存心。"君子和小人的不同，就在于存心。君子心中是仁爱，在日常生活中严格遵循"礼"的规范，来增长仁爱心。人本性虽善，但是却可以随着环境而迁移。"礼"的作用是在邪僻之心没有产生的时候就遏制在萌芽中。所谓"非礼勿言""非礼勿视""非礼勿听""非礼勿行"，就是时时检束自己的身心，要在言行上正心，正视听，君子在细微处见精神，即便是小事也不放纵自己的身心。即便在没有人的地方也能够如同在大庭广众之下一样不懈怠放纵，只要专心致志，不三心二意，就能通于神明，与天地相参同了。倘或一个人说自己是仁爱的，却不知道守好自己的眼、耳、舌，做不到杜绝邪僻，随从自己的私欲去观看邪僻的事物，听闻邪僻的信息，说邪僻的话，而不知羞耻，自以为乐。即便这个人说自己是正义的，也会危害到自己和身边的人。修身就是通过"礼"来修养身心，从而使自己达到"随心所欲而不逾矩"的圣人境界。所以，求学的人，原本就是为了做个圣人，而不是要学做不走正道的人。

礼是为了让人们合乎道义，更好地生活，而不是束缚人，压抑人的天性。比如养生，最重要的是修养精神，其次才是修养形体；养得肌肤肥胖、脂膏满腹还嗜欲不断，这是养生的末节。在吃饭、穿衣、居处及活动的时候，遵循礼义的行为就会和谐适当，不遵循礼义就会触犯禁忌而生病；人的容貌、态度、进退、行走，遵循礼义就温雅可亲，不遵循礼义就显得傲慢、固执、邪僻、粗野。凡是使用血气、意志，智慧和思虑的时候，遵循礼法就通达顺利，不遵循礼义就产生谬误错乱。

疼爱子女，就应当教育他们，培养他们成人。疼爱他们却让他们走上邪路，又怎能算得上疼爱他们呢？自古以来许多父母疼爱子女，却不懂得教育子女，以至于使他们违反义理，背弃伦理，误国害民，自取灭亡，这样的事例还少吗？其中的病根都在于最初他的父母、师长、朋友，从来没有以礼法和道义的道理来启迪他啊！假使他稍微知道礼法和道义，那么他的举心动念，都会有所畏惧，而不敢肆意放纵，即使不想仰慕效法圣贤那样，战战兢兢，如临深渊，如履薄冰，也不可得啊！

时至今日，礼的具体内容是随着时代的变化而因革损益的，但是传承不变的是礼制的精神本体。我们今天仍然可以借鉴这种态度，对古代的礼仪文化继承其优秀的精华，"损"去其过时的糟粕，"益"之以符合现代文明的新内容，对前代的礼制应根据当代的具体情况，择其善者为我所用，特别是恭敬、尊重品质的教育，从而创造出我们当今时代所需要的新的礼仪文化，使我们这个号称礼仪之邦的古国放射出现代文明的光彩。

附二十：礼篇五人

1. 鲁之母师

母师[①]者，鲁九子之寡母也。腊日[②]休作者，岁祀礼事毕，悉召诸子，谓曰："妇人之义，非有大故，不出夫家。然吾父母家多幼稚，岁时礼不理。吾从汝谒往监之。"诸子皆顿首许诺。又召诸妇曰："妇人有三从之义，而无专制之行。少系于父母，长系于夫，老系于子。今诸子许我归视私家[③]，虽逾正礼[④]，愿与少子俱，以备妇人出入之制。诸妇其慎房户之守，吾夕而反。"于是使少子仆，归辨[⑤]家事。天阴，还失早，至闾外[⑥]而止，夕而入。鲁大夫从台上见而怪之，使人间视其居处，礼节甚修，家事甚理。使者还以状对。于是大夫召母而问之曰："一日从北方来，至闾而止，良久，夕乃入。吾不知其故，甚怪之，是以问也。"母对曰："妾不幸，早失夫，独与九子居。腊日，礼毕事间，从诸子谒归视私家。与诸妇孺子期[⑦]，夕而反[⑧]。妾恐其酺醵醉饱[⑨]，人情所有也。妾反太早，不敢复返，故止闾外，期尽而入。"大夫美之，言于穆公，赐母尊号曰母师，使朝谒夫人，夫人、诸姬皆师之。君子谓母师能以身

---

① 母师：母亲的典范。

② 腊日：古时岁终祭百神之日，即阴历十二月初八。

③ 私家：指已婚妇女的父母或兄弟之家。

④ 逾：越过，超过。正礼：正规的礼法。

⑤ 辨：通"办"，治理，办理。

⑥ 闾：古代二十五为一闾。里门，巷口的门。

⑦ 期：约定。

⑧ 反：通"返"，返回。

⑨ 酺醵：音 pú jù，聚会饮食。出食为酺，出钱为醵。醉饱：谓酒食过度。

教。夫礼，妇人未嫁，则以父母为天；既嫁，则以夫为天。其丧父母，则降服一等，无二天之义也。《诗》云："出宿于济，饮饯于祢。女子有行，远父母兄弟。"（选自《列女传·母仪传》）

【译文】

春秋时期，母师，是鲁国一位有九个儿子的守寡母亲。在一年腊日停止劳作，祭祀完毕后，她将所有的儿子叫来，说："作为一个妇女，除非有大的变故，不得离开夫家。但是我娘家父母那里多有年幼的人，过年的一些礼数都不周全。我想请你们允许我回去看看。"儿子们都叩头答应了。她又将儿媳们都叫来说："妇人应有三从之礼，而不能有专制的行为。年少时是父母，长大后是听从丈夫，年老后是儿子。现在儿子们都允许我回娘家看看，虽然这逾越了正礼，但是我还是希望小儿子跟我一起去，以遵守妇人出入方面的制度规定。你们要小心看家，我傍晚时就会回来。"说完就带着小儿子回娘家料理家事。

天气阴沉，母师回来时天色尚早，她走到里巷的大门边就停了下来，到了傍晚才进去。鲁国大夫在高台上见到这情景觉得很奇怪，便派人到她家查看，使者发现她家的礼节齐备，家事料理得甚为合理。使者回来后就将这一情形告诉了鲁国的大夫。于是大夫召来母师，问她道："有一天，你从北边走来，到了巷口时就停住了，过了很久，直到傍晚才进去。我不知道其中的原因，觉得很奇怪，因此想要问问你是怎么回事。"母师回答道："我不幸，丈夫早死，和九个儿子一起生活。在腊日祭祀完毕后，我跟儿子们商量回娘家探望。临走时跟儿媳和孩子们约定傍晚回来。我恐怕他们聚会饮食，酒食过度，这也是人之常情。我回来太早，又不敢再回去，所以就在巷口停了下来，等到了约定的时间再进去。"大夫对此很是称赞，就对穆公说了这件事，穆公赐给她尊号为"母师"，让她拜见夫人，夫人和众姬妾都拜母师为师。君子称赞母师能以身施教。按照礼法，妇人未出嫁之前，以父母为天；嫁人后，以丈夫为天。父母去世后，丧服也要低一等级，因为不能有两个天。《诗经》中说："出行宿在济水，离别饯行在父母的宗庙。姑娘出嫁了，离开父母和兄弟。"

2. 吕荣公母

宋，吕荣公希哲[①]母申国夫人，教子事事循规蹈矩。甫[②]十岁，祁寒[③]暑雨，侍立终日，不命之坐不敢坐，日必冠带见长者。平居酷暑，在长者侧，不得去巾袜，衣服惟谨，不入茶坊酒肆[④]。郑卫之音[⑤]，未尝一经于耳；不正之书，未尝一接于目。故公德器成就，大异于人。

吕坤曰："善教子者，一严之外无他术；善用严者，一慎之外无他道。今人教子，每事疏忽宽纵，不耐留心。及德性已坏，而答扑日加，徒令伤恩，无救于晚。视申国夫人，可以悟矣。"（选自《闺范》）

【译文】

北宋的吕希哲，官封荣国公，他的母亲申国夫人，教训儿子样样事情都要循规蹈矩。吕希哲刚十岁的时候，无论寒来暑往，整日站在他的母亲身旁，母亲不叫他坐他是不敢坐的，每天一定要衣帽整齐才能见长辈。平常在家里，不管天气怎样热，在长辈身边，不准脱去头巾和鞋袜，衣服必定要整齐。更不准到茶坊酒馆里去。不正当的声音，吕希哲的耳

---

① 吕希哲（1036—1114）：字原明，学者称荥阳先生，寿州（今安徽凤台）人。北宋教育家、官员。吕希哲乃宰相吕夷简之孙，宰相吕公著之子，吕希哲后世子孙吕好问、吕本中、吕硼中、吕大器、吕祖谦、吕祖俭等，皆为朝廷命官。如此一代一代连续不断地在朝为官，在宋以前和以后的历朝中不多见。吕氏家学深厚，吕氏家族当入学案（指《宋元学案》）的，七世尚不止十七人。所以《宋史·吕祖谦传》说："祖谦之学本之家庭，有中原文献之传。"

② 甫：开始，又古代男子的美称。

③ 祁寒：严寒极冷。祁，盛大。

④ 肆：旧时指铺子。

⑤ 郑卫之音：春秋战国时郑、卫国的俗乐，以郑卫之音指淫荡的乐歌或文学作品。

朵里从来没有听到过；不正经的书本，吕希哲的眼睛里没有看见过。因此后来吕希哲成了有德行的、与众不同的大人物。

吕坤说："善于教育子女的，除了严格之外没有二法；善用威严的，除了谨慎之外没有二法。今人教子，多是疏忽大意，宽松纵容，没有仔细观察。等到孩子德性已经坏了，就只知道笞打，除了损害亲子的感情，对于挽救他的品性没有什么帮助。看看申国夫人教子的方法，可以觉悟了吧！"

3. 陶侃节酒

侃每饮酒有定限，常欢有余而限已竭，浩等劝更少进，侃凄怀良久曰："年少曾有酒失，亡亲见约，故不敢逾。"（选自《晋书·陶侃列传》）

【译文】

晋朝时期，陶侃每次饮酒都有限量，常常是饮酒极高兴时限量就够了，殷浩等人劝他还可以再少喝一些，陶侃凄然泪下，许久才说道："我年轻的时候，曾经在喝酒后有过失，与过世的母亲曾经有约定，所以不敢超过限制。"

4. 吴贺之母

宋进士吴贺母谢氏，教子有义方。每贺与宾客语，母辄于屏间窃听之。一日，贺偶言人之短，母闻之大怒。客退，笞^①贺一百。所亲解之曰："臧否^②，士之常，当有何过，而笞之若是。"母太息曰："吾闻爱其女者，必取三复白圭^③之士妻之。今独产一子，使知义命，而出语忘亲，岂可久之道哉？"因泣不食。贺由是恐惧自敕，卒为名人。

---

① 笞：用鞭、杖或竹板打。

② 臧否：褒贬，评论说好说坏。

③ ③三复白圭：白圭，白玉也。《诗·大雅·抑》"白圭之玷，尚可磨也。斯言之玷，不可为也"。《论语》"南容三复白玉，故孔子以其兄之子妻之"。

吕坤曰："亡身之祸，言居其九。正使义所当言，杀身何恤^①。而平居谈短论长，直讦^②丑诋^③，自求切齿腐心^④之恨，祸将焉逃。吴母教子，可谓知所重矣。滂母有遗恨哉。"（选自《闺范》）

【译文】

宋朝时候，有个进士姓吴名贺，他的母亲谢氏，教训儿子合乎法度。每遇着儿子和客人说话的时候，谢氏常常立在屏风后面，去听他们说的是什么话。有一天，吴贺偶然对客人说到别人的短处。他的母亲听了非常生气。等到客人出去了以后，就把吴贺责打了一百板。有个亲戚去劝谢氏道："谈论人家的长短，这也是读书人通常的事，有什么重大的过失，而要把他打到这个样子呢？"谢氏就叹了口气说："我听说爱护女儿的人，一定选择说话很谨慎的读书人来做女婿。我只有一个儿子，要叫他明白义和命的大道理。现在他说话这样的不谨慎，这就是忘了母亲了，这个样子，哪里是处世久长的道理呢？"于是谢氏就流着眼泪，不肯饮食。吴贺从此以后，心里就很有了恐惧心，竭力地警戒着自己，终于成了一个很有名声的人物。

吕坤说："给人带来杀身之祸的，言语是最多的。如果是为了道义说了应该说的话，即使招来杀身之祸，也不应该害怕。但是日常生活中谈论人家的长短，攻击别人的短处，诋毁和丑化他人，来发泄自己心中的愤恨，怎么能逃得过灾祸呢？吴母教育孩子，可以说是知道重点啊。如同范滂的母亲，又有什么遗恨呢？"

① 恤：怜悯，救济。

② 讦：揭发别人的隐私。

③ 丑诋：犹言恶骂。

④ 腐心：恨之极而心欲腐，如"日夜切齿腐心"。

5. 冷叶义方

明，冷逢泰妻叶氏，生一子，甫免怀①而寡。自幼教以义方，稍不率，辄笞之。一日，子于外见缙绅②盛车马，过里门，心异之，急入告母，且呼其名。叶氏曰："车马何足荣？以小子呼长者名，彼虽不闻，尔则已慢矣。"痛笞之。后其子长，卒为善士。（选自《德育课本》）

【译文】

明朝时候冷逢泰的妻子叶氏，生下了一个儿子，才三岁的时候，叶氏就守了寡。她从儿子幼小时候，就教育他要处处合乎义理，假使儿子稍稍不肯听话，就要鞭打他。有一天，冷逢泰的儿子在外边看见一位官员的车马浩浩荡荡的经过里门，心里觉得很奇怪，就急急忙忙地跑进家中告知他的母亲，并且口里喊着那官员的名字。叶氏道："车马有什么荣耀呢？而且你不过是一个小孩子，口里竟叫着大人的名字，虽然他没有听到，可是在你这一方面讲，已经是怠慢了。"就把他痛打一顿。后来冷逢泰的儿子长大以后，成为了一个善良仁义的人。

第四节　智

人皆有知，知也，无所不知也。知就是认识能力。荀子说："凡以知，人之性也。可以知，物之理也。"能够认识事物是人的本性，可以被认识，是事物的自然之理。人生来就具有的认识事物的能力，人能对各种事物的界限都有所区别，这叫作知觉。人的认识能力有差异，人们这种不同的认识能力储存下来，就形成了各种不同的知见和观点，但知觉不等于智慧。智慧要符合以下几个特征：

---

① 免怀：指三岁。
② 缙绅：官宦的代称。

1. 全面性

人们的认识能力，往往有局限性，就像盲人摸象一样，容易被事物的某一个局部所蒙蔽而不明白圆满的大道理。只看到自己喜好的一面或者只看到憎恶的一面都会造成认识的局限性；只看到古代良好的一面或者只看到现代丑陋的一面会造成认识的局限性；只看到起始的一面或者只看到终结的一面会造成认识的局限性；只看到远处的一面或者只看到近处的一面会造成认识的局限性；只看到知识广博的一面或者只看到知识浅陋的一面会造成认识的局限性；大凡事物有不同的对立面的，只看到事物的一面，就会造成认识的局限性，这是思想方法上一个普遍的通病。

"圣人无二道"，只有纠正了片面的认识，才能恢复正常的大道理，才能称为智慧。圣人知道思想方法上的毛病，看到被蒙蔽的祸害，所以同时摆出各种事物各个方面，并在其中根据一定的标准进行权衡，所以众多的差异与对立面就不能互相掩盖以致搞乱了条理。

2. 标准性

大凡人们要做某件事，都要先用自己所知道的知见思考揣度一番，然后才根据思考的结论定下计划，付诸于实际行动之中。只要是人，考虑问题，都是依从他认为对的，而抛弃他认为不对的事。然而实践下来的结果，有人收到预期的效果，有人却没有收到预期效果，有人得利，有人受害，这是由于智慧和愚蠢所造成的。差别在哪里？就在于权衡事物的标准不同。什么是权衡事物的标准呢？回答说：就是道。道是有规律的，它不会因为贤明圣哲的尧舜而存在，也不会因为暴虐残忍的桀纣而灭亡。顺应道的规律去生活、做事就吉利，悖逆道的规律方式去生活、做事就凶险。道，是自古以来衡量事物的正确标准，圣人办事，就是遵循"道"，不自寻烦忧，只弄清事情的所以然就是了，静居时知道在做什么、行动时知道该去哪里、办事时知道所依原则、举动时知道来历缘由。人的行动不能没有衡量的准则，所以心里不可以不了解道。如果心里不了解道，就会否定道而认可违背道的东西，就会以假为真，以丑为美，以恶为能。偏离正道，而由自己任意选择，那么就不懂得祸福究竟依存在什么地方。灾祸包含在所追求的事情当中，人们却认为这是幸福；幸福包含在所厌恶的事情当中，人们却认为这是灾祸，因此，人们就会对祸福产生迷惑。如果衡量人行为的准则不准确，用他那种否定道的思想去选取人，就一定会和不奉行道的人沆瀣一气，而不会和依道奉行的人志同道合。带着他那种否定道的思想和不奉行道的人去议论依道奉行的人，像这样，那还凭什么去了解依道奉行的人呢？这就是社会混乱的祸根。

人人都希望获得"福"，杜绝"祸"。但"福""祸"的产生和到来都有其根源。培养"福"的基础，断绝"祸"的根源，"祸"怎么会来呢？圣人对"福"想得不多，对"祸"却多加防备。刚点燃时的飘忽火星，只需用一根手指就能按熄，但等到火势烧及周围，蔓延至整个森林那么大一片，那时即使调动全国所有人力也都无法扑灭；堤坝的窟窿在像老鼠洞那么大时，只需一个土块就可堵塞，等到洪水决口、泛滥淹没整个州郡，那时即使调动全国所有军队也都无法堵塞。圣人明了"道"，总是在事物尚未形成之时便关注留意它，而不是等到事物已形成危害之势时才去留心注意它，所以这祸患往往难以伤及他。如果愚钝的人明白了"道"，有了防备，重重戒防，这样灾祸就不会产生，和智者一样有同等功效。由此可见，智虑思考"道"是祸福的根由，行动举措的关键。假若大家能预先知道自己的主张正确，且行得通，那么天下也就没有什么不通的道路了。人生祸福、国家治乱，都有待正确的思想和行动来完成，所以对此不可不审慎。

3. 仁爱性

"仁、智、勇"是孔子认为君子必备的三种基本品德，亦称"三达德"。《论语·宪问》孔子说："君子道者三，我无能焉：仁者不忧，知（智）者不惑，勇者不惧。"孔子认为仁、智、勇三者互相联系，以仁为根本，说："知者利仁""知者不惑"。具有完善理想人格的君子，不仅是"仁者"，而且也应当是"智者"，"智"与"仁"是相辅相成的。"智者"不仅知识丰富、聪明智慧，而且好学求知也能促进仁德的自觉和生长。所以子夏曰："博学而笃志，切问而近思，仁在其中矣。"

全面了解万物而不知道社会百态、世情人心，就不能叫作"智"；普遍地爱护各种生物而不爱护人类本身，就不能叫作"仁"。所谓"仁"，就是要爱护人的同类；所谓"智"，就是不可糊涂。能经常反躬自省，"己所不欲，勿施于人"；由近而知远，由己而知人，这就是仁智结合运用的结果。就人的本性来说，没有比"仁"更珍贵的，没有比"智"更重要的。将"仁"作为主体，用"智"去实施它；这样以"智""仁"作为基础根本，再加上勇力，处事迅速勤快、灵巧机敏，聪明地审察分析，这样就集中了所有长处，十分完美了。虽然有才能，但没有仁爱，使用不当，所处不适宜，那就会被用来助长虚伪、粉饰错误，这样，所具有的技艺多还不如少些好。所以不仁且有野心者，是不能让他拥有富贵和权势等，只会增加它的危害性。不"仁"且无"智"却勇武有力、果断敢为，就会像疯子握利剑一样，后果难测；没有"大智"却能言善辩、机敏乖巧，就会像骑着骏马驰骋而漫无目标。所以而那些天质愚笨者，是不能授予重要权力的。若能将"仁、智、勇"结合起来，则人类安身立命的道德根基才更加坚实而深厚。

儒家把"智"列为"五常"之一，认为人有认识事物的能力，掌握知识并善于思考的人，明白是非、曲直、邪正、真妄，就可能成为"智者"。

智母就是指那些明了道义，知晓祸福吉凶原理，明辨是非善恶，通达、明白事物的利害关系的母亲。这样的母亲不仅看到事物的本原就能推知事物的未来，看到事物的指向就能预见事物的归宿，懂得弊可以转化为利，利可以转化为弊。而且知时事环境，能够洞察人之贤明与愚钝，更重要的是知道自己子女的福德与能力。她们给子女提出前瞻性的指导，匡扶子女的失误，预防灾祸，应对仓促的变化，使子女逢凶化吉。这样的母亲是子女人生中最需要的，她们的智慧堪称女中丈夫。

附二一：智篇四人

1. 孙叔敖母

楚令尹①孙叔敖之母也。叔敖为婴儿之时，出游，见两头蛇②，杀而埋之。归见其母而泣焉。母问其故，对曰："吾闻见两头蛇者死，今者出游见之。"其母曰："蛇今安在？"对曰："吾恐他人复见之，杀而埋之矣。"其母曰："汝不死矣。夫有阴德者，阳报之。德胜不祥，仁除百祸。天之处高而听卑。《书》不云乎：'皇天无亲，惟德是辅③。'尔嘿④矣，必兴于楚。"及叔敖长，为令尹。君子谓叔敖之母知道德之次。《诗》云："母氏圣善。"此之谓也。

颂曰：叔敖之母，深知天道。叔敖见蛇，两头岐首。杀而埋之，泣恐不及。母曰阴德，不死必寿。（选自《列女传·仁智传》）

【译文】

春秋时期，孙叔敖母，是楚国令尹孙叔敖的母亲。孙叔敖小时候，有一次外出玩耍，看见一条两头蛇，便将它杀了之后埋了。他回家后看见母亲就哭了起来。母亲问他缘故，他说："我听说看见两头蛇的人会死，我今天出去玩看见了。"他的母亲问："那蛇现在在哪里？"孙叔敖

① 令尹：春秋战国时楚国执政官名，相当于宰相。
② 两头蛇：蛇的一种。无毒，尾圆钝，骤看颇像头，且有与头部相同的行动习性，故名。古人传说见之者死。
③ 皇天无亲，惟德是辅：语见《书经·蔡仲之命》。
④ 嘿：通"默"，不作声。

回答道:"我怕别人再见到它,就把它杀了埋了。"他的母亲说:"你不会死的。有阴德的人就会得到阳报,德行能够战胜不祥,仁爱可以免除百祸。上天高高在上,是能够了解世间之事的。《尚书》不是说:'上天公正无私,总是帮助品德高尚的人'吗?你不要声张,以后你一定会在楚国兴旺发达。"孙叔敖长大后,果然担任了楚国的令尹。君子称赞孙叔敖的母亲了解道德的规律。《诗经》中说:"母亲明智又善良。"说的就是这个意思。

颂说:孙叔敖的母亲,知晓天道。孙叔敖见了两头蛇,将它杀死并埋了,哭着恐怕自己死掉。母亲说他积了阴德,不会死反会长寿。

2. 婴母知废

陈婴为东阳^①令,得民^②,秦二世时,东阳少年,相聚数千人,欲立婴为王。婴母曰:"我为尔家妇,闻尔先人不甚贵,今暴得大名,不祥。不如有所属,事成,犹得封侯,败则易以亡匿,无为人所指名也。"婴从其言,以兵属项梁^③,梁以为上柱国^④。后项氏败,婴归汉,以功封唐邑侯^⑤。君子曰:"婴母知天命,又能守先故之业,流祚后世,谋虑深矣。"

吕氏曰:人情多喜进而不量力,见目前而不顾后,及事败乃悔。观于婴母,而进取者,可熟思矣。若任大责重,见义临难,而观望以图苟免,非夫也。幸无以婴母为借口哉。(选自《闺范》)

【译文】

汉朝陈婴当了东阳这个地方的县令,很得民心。秦二世胡亥暴政时,东阳的几千青少年聚会,要拥戴陈婴为王。陈婴的母亲便对陈婴说:

---

① 东阳:县名,秦置,故址在安徽天长县西北。

② 得民:为人民所归向。

③ 项梁:秦末下相人,楚将项燕之子,项羽叔父。

④ 上柱国:官名,战国,楚制,立覆军杀将战功的官为上柱国。

⑤ 侯:五等爵之第二等,侯爵。

"我自从做陈家的妇人，听说陈家的先辈们并不很显贵。今日你突然获得盛名，是不吉祥的。不如去追随他人作为附属。事情成功了，可以封侯。失败了也容易逃亡藏身。不会被人指名道姓地捉拿。"陈婴听了母亲的话，带兵去投靠楚霸王项羽的叔父项梁，项梁封他为军中的高官上柱国。后来项家兵败，陈婴便归顺了汉朝，论功而被封为唐邑侯。君子们说：陈婴的母亲知道天命。又能保全先辈的基业，留福报给后代，真是深谋远虑啊！

吕坤说：人们大多喜升官进爵，而往往自不量力；只顾眼前而不顾后患，结果事情失败乃后悔。我们再看看陈婴的母亲，有进取心的人，应该深思熟虑啊！如果肩负重大责任，见义而不敢面临危难，只是袖手旁观以求明哲保身，那就不是个大丈夫。请不要以陈婴母亲的这个故事为明哲保身的借口。

3. 陵母知兴

汉，王陵始为县豪。高祖①微②时，兄事陵。及高祖起沛③，陵亦聚众数千，以兵属汉王。项羽与汉为敌国，得陵母置军中。陵使至，则东向坐陵母（汉在楚东），欲以招陵，陵母私送使者泣曰："为老妾语陵，善事汉王。汉王长者，无以老妾故怀二心，言妾已死也。"乃伏剑而死。项羽怒，烹之。陵终与高祖定天下，位至丞相封侯，传爵五世。君子谓王陵母，能弃身以成其子矣。（选自《闺范》）

【译文】

汉代时，王陵原先是县里的富豪。当时汉高祖刘邦还很贫贱，以兄长之礼侍奉王陵。等到刘邦在江苏沛县起兵，王陵也招集了几千兵马去投奔刘邦。而楚霸王项羽与刘邦为敌，便将王陵的母亲抓到军中来。王

---

① 高祖：汉高祖刘邦（前256—前195）。

② 微：贫贱。

③ 沛：沛县，江苏省古偪阳国地，秦置沛县，秦末刘邦起兵于沛县。

陵派的使者来到楚营。项羽便将王陵的母亲东向而坐（汉在楚东），想要招降王陵。使者要走了，王陵的母亲悄悄地送使者。哭泣着对使者说："请你为我给儿子王陵传句话，要他好好地跟随汉王刘邦。因为汉王是一位忠厚长者，叫陵儿不要因为我在楚营的缘故而生二心。你告诉他，我已经死了。"说完就拔剑自刎而死。项羽听说此事大为震怒，将王母的遗体用锅煮了。后来王陵终还是追随汉高祖而平定了天下，当了丞相并封了侯，还将爵位往下传了五代。君子们都说王陵的母亲能杀身以成全儿子。

4. 宪英戒子

羊耽妻辛氏，字宪英，陇西人，魏侍中毗①之女也。聪朗②有才鉴。其后钟会为镇西将军，宪英谓耽从子祜曰："钟士季何故西出？"祜曰："将为灭蜀也。"宪英曰："会在事纵恣③，非持久处下之道，吾畏其有他志也。"及会将行，请其子琇为参军，宪英忧曰："他日吾为国忧，今日难至吾家矣。"琇固请于文帝，帝不听。宪英谓琇曰："行矣，戒之！古之君子入则致孝于亲，出则致节于国；在职思其所司，在义思其所立，不遗父母忧患而已。军旅之间可以济者，其惟仁恕乎！"会至蜀果反，琇竟以全归④。（选自《晋书·列女传》）

【译文】

三国时期，魏国羊耽的妻子辛氏，字宪英，陇西人，是魏侍中辛毗的女儿。为人聪明，有才干和鉴察力。后来钟会担任了镇西将军，宪英对羊耽的侄子羊祜说："钟士季为什么到西边去？"羊祜说："为了灭掉蜀国。"宪英说："钟会处事放纵、肆意妄为，这可不是长久居于人下的

① 毗：音 pí。

② 聪朗：聪悟。

③ 纵恣：肆意放纵；纵恣无厌。

④ 全归：谓保身而得善名以终。

作风，我怕他有其他不可告人的打算。"等到钟会将要出发的时候，他请求让宪英的儿子羊琇任参军，宪英忧虑地说："以前我为国家担忧，现在灾难到我家了。"羊琇坚决向文帝请求不去任参军，文帝不允许。宪英对羊琇说："去吧，一定要谨慎！古代的君子，在家中就向父母尽孝道，离家后就向国家尽忠；在职位上就要想到自己所担任的工作，在道义方面就要想到自己的立身行事，不给父母留下忧患罢了，在军队里能够解救你的大概只有'仁恕'吧！"钟会到了蜀地果然反叛了，而羊琇终于能够完好的保全。

第五节　信

信，即诚信，是德行的根本。犹如日月星辰的运行，春夏秋冬的更替，从无差池，故而天地万物得以繁衍生息。若日月运行毫无轨迹，升降捉摸不定，万物何以生存？人乃天地所生，也当如此。儒家把诚信作为人的基本道德。

《论语·为政》里，孔子说："人要是失去了信用或不讲信用，不知道他还可以做什么。（就像）大车没有车辕与轭相连接的木销子，小车没有车辕与轭相连接的木销子，它靠什么行走呢？"孔子说："信则人任焉。"只有当你被证明是一个值得信赖的人时，别人才会觉得你可靠，才会把大事托付给你。《论语·颜渊》里，子贡向孔子请教治理国家的办法。孔子说："只要有充足的粮食，充足的战备以及人民的信任就可以了。"子贡问："如果迫不得已要去掉一项，三项中先去掉哪一项？"孔子说："去掉军备。"子贡又问："如果迫不得已还要去掉一项，两项中去掉哪一项？"孔子说："去掉粮食。自古人都难逃一死，但如果没有人民的信任，什么都谈不上了。"

从上述两段，我们可以得知，作为一个人，如果没有信用，人们不知道你会做什么。作为国家，不能取信于民，朝令夕改，言而无信，百姓不知道你会做什么，怎么能与百姓同心？又怎么能指挥百姓做事呢？可见信用是做人的根本，立国的根基。诚信的缺失和信用危机，会成为制约一个国家政治、经济健康发展的瓶颈和隐患。如果一个社会缺失了诚信，人与人之间相互尔虞我诈，这个社会就将是个丑恶而可怕的社会。

《韩非子·外储说左上》说"母欺子，子而不信其母，非以成教也"。即是说，做母亲的如果欺骗孩子，孩子就会不信任他的母亲，这不是教育好孩子的办法。父母如果口是心非，说的一套，做的一套，承诺下的事，随自己心意兑现，子女也必然效仿。如此，孝、悌、忠、信、礼、义、廉、耻将成为空中楼阁，无从兑现，品德失去了根基，还谈什么教育呢？所以，善教子女者，必然不轻易承诺，承诺之后也，也不失信于子女。

附二二：信篇三人

1. 买肉啖子

孟子少时，东家杀豚，孟子问其母曰："东家杀豚何为？"母曰："欲啖汝。"其母自悔而言，曰："吾怀妊是子，席不正不坐；割不正不食，胎之教也。今适有知而欺之，是教之不信也。"乃买东家豚肉以食之，明不欺也。（选自《韩诗外传》）

【译文】

战国时期，孟子小的时候，邻居杀猪，孟子问他的母亲说："邻居为什么杀猪？"孟母说："要给你吃肉。"孟母后来后悔了，说："我怀着这个孩子时，席子摆得不正，我不坐；肉割得不正，我不吃，这都是对他（孟子）的胎教。现在他刚刚懂事而我却欺骗他，这是在教他不讲信用啊。"于是买了邻居的猪肉给孟子吃，以证明她没有欺骗他。

2. 齐义继母

齐义继母者,齐二子之母也。当宣王时,有人斗死于道者,吏讯之,被一创^①,二子兄弟立其傍,吏问之,兄曰:"我杀之。"弟曰:"非兄也,乃我杀之。"期年,吏不能决,言之于相,相不能决,言之于王,王曰:"今皆赦之,是纵有罪也。皆杀之,是诛无辜^②也。寡人度其母,能知子善恶。试问其母,听其所欲杀活。"相召其母,问之曰:"母之子杀人,兄弟欲相代死,吏不能决,言之于王。王有仁惠,故问母何所欲杀活。"其母泣而对曰:"杀其少者。"相受其言,因而问之曰:"夫少子者,人之所爱也。今欲杀之,何也?"其母对曰:"少者,妾之子也。长者,前妻之子也。其父疾,且死之时,属^③之于妾曰:'善养视^④之。'妾曰:'诺^⑤。'今既受人之托,许人以诺,岂可以忘人之托而不信其诺邪?且杀兄活弟,是以私爱废公义也;背言^⑥忘信,是欺死者也。夫言不约束,已诺不分,何以居于世哉!子虽痛乎,独谓行何!"泣下沾襟。相入言于王,王美其义,高其行,皆赦不杀,而尊其母,号曰义母。君子谓义母信而好义,洁^⑦而有让。《诗》曰:"恺悌^⑧君子,四方为则。"此之谓也。(选自《列女传·节义传》)

【译文】

战国时期,齐义继母,是齐国两个孩子的母亲。齐宣王时,有人在路上被打死了。官吏问询,发现死者是被一个人杀害的,有两兄弟站在

---

① 创:损伤,伤害。

② 无辜:无罪。

③ 属:嘱托。

④ 养视:养护照看。

⑤ 诺:应允。

⑥ 背言:背弃诺言。

⑦ 洁:音 jié,清白。

⑧ 恺悌:音 kǎi tì,和乐平易。

路边，官吏就问他们。哥哥说："人是我杀的。"弟弟说："不是哥哥杀的，是我杀的。"这案子拖了一年，官吏还是不能作出判决，就把这个案子上报了齐相，齐相也不能决断，就上奏给大王。宣王说："现在如果都赦免他们吧，那就是纵容犯罪。都杀了吧，也会诛杀无辜。我想，他们的母亲能够了解儿子的善恶，去问问他们的母亲，听听她是怎么说的，再确定该杀谁不该杀谁。"

　　齐相招来兄弟两人的母亲问道："你的儿子杀了人，兄弟两个都争着去死，官府不能判决，就禀告了大王。君王仁惠，所以想要问问你谁该杀谁该活？"母亲哭着回答道："杀了小儿子吧。"齐相听了后就问她道："一般人们都疼爱小儿子，现在你提出他该死，是为何呢？"母亲回答道："小儿子是我生的；大儿子是我丈夫前妻的儿子。他们的父亲重病临死之际，嘱托我道：'好好照顾他。'我说'好'。我既然已经答应了别人的托付，许诺了别人，怎么可以忘记别人的托付，不守承诺呢？而且杀了哥哥救活弟弟，是以私爱取代了公义；违背诺言，不守信诺，这是欺骗去世的人啊。背弃誓言，不守承诺，靠什么活在世上呢？丧子虽然让我很痛苦，难道这对公义之行有影响吗？"说着掉下了泪水，沾湿了衣襟。齐相将这番话告诉了宣王，宣王赞美她的义行，敬重她的品行，将她两个儿子都赦免了，而且尊称他们的母亲为"义母"。君子称赞义母诚信好义，高洁谦让。《诗经》中说："平易近人的君子，是四方之人的榜样。"说的就是这个意思。

3. 秦柴遵嘱

　　秦闰夫妻柴氏，晋宁人。闰夫前妻遗一子尚幼，柴氏鞠^①如己出。未几柴氏有子，闰夫病且死，嘱柴氏曰："我病不复起，家贫，惟二幼子，汝能抚其成立，我死亦无憾矣。"闰夫死，家事日微，柴氏辛勤纺

---

① 鞠：养育，抚养。

绩，遣二子就学。至正十八年，贼犯晋宁，其长子为贼驱迫，在围中，既而得脱。初在贼时，有恶少与张福为仇，往灭其家。及官军至，福诉其事，事连柴氏长子，法当诛。柴氏引次子诣官泣诉曰："往从恶者，吾次子，非吾长子也。"次子曰："我之罪可加于兄乎！"鞫^①之至死不易其言。官反疑次子非柴氏所出，讯之他囚，始得其情。官义柴氏之行，为之言曰："妇执义不忘其夫之命，子趋死而能成母之志，此天理人情之至也。"遂释免其长子，而次子亦得不死。时人皆以为难。二十四年，有司^②上其事，旌其门而复其家。（选自《元史·列传第八十八》）

【译文】

元朝时期，秦闰夫的妻子柴氏，是晋宁人，秦闰夫的前妻留下一个孩子还很年幼。柴氏视他为自己亲生，没多长时间，柴氏有了自己的孩子，秦闰夫病重将死。嘱咐柴氏说："我的病没法恢复了，家贫，只留下两个幼小的孩子，如果你能抚养他们成人，我就死而无憾了。"闰夫死后，家道衰落，柴氏辛勤织耕，以便让两个孩子上学，到了至正十八年的时候，贼寇入侵晋宁，大儿子被胁迫成贼，后来逃脱。当初做贼时，有人与张福有仇，去他家里寻仇灭门。等官军来时张福说出原委，这事牵连到了柴氏的长子，依律当判死罪。柴氏带着小儿子到官府哭着诉说："当初做恶的是小儿子，不是我的长子。"小儿子说："我的罪过怎么能让兄长承担。"审讯官就用刑具严加拷问，他宁死也不肯改口供。官府反而疑惑小儿子不是亲生。询问别的犯人，才知道实情。官府有感于柴氏的忠义举动，为她开脱说："妻子坚守信义而不忘记丈夫的遗命，儿子宁死也要成全母亲的志向，这乃是至真的天理人情啊。"于是赦免了长子，小儿子也得以不死。当时的人都认为很难得。二十四年，官吏把这件事奏报了上去，最后皇上赐旌表扬了柴氏的贞信，免除了他们家的赋税徭役。

---

① 鞫：音 jū，审问犯人。

② 有司：指官吏。古代设官分职，各有专司，故称有司。

第六节　勤俭

勤劳是一种品德，也是人安身立命的根本。天道酬勤，上天会按照每个人付出的勤奋，给予相应的酬劳。多一分耕耘，多一分收获，只要你付出了足够的努力，将来也一定会得到相应的收获。

天下任何事情无勤不成，国君不勤劳，政事就会荒废，百官效尤，上下一片懒惰殆政之风，国家如何治理？"业勤于精而荒于嬉"，君子进德修业，对治习气，若不精进于勤奋，而荒废于游荡玩乐，真正的德业学问如何成就？凡事皆"熟能生巧"，而"熟"之一字皆来自不断的重复学习，持之以恒的练习，不勤怎能如此？农夫不勤于耕耘，田地就会荒废，百姓吃什么？所以勤劳是每个人的本分。东汉时期伟大的天文学家、数学家、发明家、地理学家、文学家张衡说："人生在勤，不索何获？"意思是：不勤奋努力去求索、追求，人生怎么会有所收获？而我们似乎总是喜欢在不经意之间挥霍我们的时间和精力，使我们的人生留下诸多的遗憾！

节俭，是我们对财物及生活用度的态度，指对财物的俭省，有节制。天地化生万物，无论天成还是人为，都有一定时间，一定劳作才能形成，任何一个人都无法独立制造出自己所需要的一切物质，都需要天地万物与其他人力协调方能成就，所以节俭是对劳动者和自己的尊重，更是一种感恩，是仁义之心的体现。"锄禾日当午，汗滴禾下土"的人，尤其能体会"粒粒皆辛苦"的境界，从而做到"一粥一饭，当思来之不易；一丝一缕，恒念物力维艰"。是故古人常以"一粥一饭，当思来处不易，半丝半缕，恒念物力维艰"来警醒自己，教化子孙。

节俭是一种美德，是提升道德修养的一个途径。人有欲望，对物质有需求，但是物质的发展速度永远比不上人类无止境的欲望膨胀，人类应该自我约束，这与自己贫贱、富贵没有关系，一个仅仅拥有丰富的金钱，却没有知足的心灵的人，才是真正的贫贱。老子说自己平生有"三宝"，其中之一就是"俭"；诸葛亮用"俭以养德"教育后人；司马光在《训俭示康》说"俭则足用，俭则寡求，俭则可以成家，俭则可以立身"。可见节俭是一切圣贤所取法的修德行为。

君主治理国家，应处静以修养身心，以勤俭节约为下属作出表率。君主如果竭尽全力来消耗百姓的财力和精力，以供养满足他的声色享乐，君主忙的都是些于社会民生无用的事情，从而使黎民百姓疲于奔命于天下，弄得憔悴不堪、精疲力尽，整个天下人都无法安生，从而导致灭亡，历史上这样的悲剧举不胜数。"历览前贤国与家，成由勤俭破由奢"，小到一个人、一个家庭，大到一个国家、整个人类，要想生存，要想发展，都离不开勤俭节约这四个字。

作为一个母亲来说，应该树立勤俭节约的家风，教育子女养成应该具备的品德，且以身作则，给子女做出个好样子来。

附二三：勤俭六人

1. 敬姜教子

公父文伯退朝^①，朝敬姜^②，敬姜方绩。文伯曰："以歜^③之家，而主犹绩，惧干季孙之怒也，其以歜为不能事主乎！"

敬姜叹曰："鲁其亡乎？使僮子备官^④而未之闻耶！居，吾语汝。昔圣王之处民也，择瘠土而处之，劳其民而用之，故长王天下。夫民劳则思，思则善心生；逸则淫，淫则忘善，忘善则恶心生。沃土之民不材，

---

① 公父文伯：鲁大夫，季悼子的孙子，公父穆伯的儿子。

② 朝：古时候去见君王叫朝，谒见尊敬的人也可以叫朝。敬姜是季康子从叔祖母，季孙即季康子，当时担任鲁国的正卿，是季悼子的曾孙。季氏是鲁国的大族。

③ 歜：音 chù，文伯自称其名。

④ 备官：充任官职。

淫也。瘠土之民向义，劳也。是故天子大采朝日^①，与三公九卿祖识地德^②。日中考政，与百官之政事，使师尹维旅牧，宣敬民事^③。少采夕月^④，与太史、司载纠虔天刑^⑤。日入监九御^⑥，使洁奉禘、郊之粢盛^⑦，而后即安。诸侯朝修天子之业令^⑧，昼考其国，夕省其典刑，夜儆百工，使无慆淫^⑨，而后即安。卿大夫朝考其职，昼讲其庶政^⑩，夕序其业，夜庀^⑪其家事，而后即安。士朝而受业，昼而讲肄，夕而习复^⑫，夜而计过，无憾，而后即安。自庶人以下，明而动，晦^⑬而休，无自以怠。王后亲织玄紞^⑭，

① 大采：天子祭日所穿的礼服。朝曰：天子以春分朝日。

② 祖：熟习。识：知。地德：古人认为地能生产百物，养育人民，这便是地之德。

③ 师尹：大夫官。维：表并列，与，和。旅：众士。牧：州牧。宣敬：全面安排。

④ 少采：天子祭月所穿的礼服。夕月：天子每年秋分之夜祭祀月亮的仪式。

⑤ 太史：官名。西周、春秋时太史掌管记载史事、编写史书、起草文书，兼管国家典籍、历法、祭祀等。司载：官名，负责考察天文。纠虔：恭敬的样子。

⑥ 九御：即女御。宫中女官，掌管女工及侍御之事。

⑦ 禘：音 dì，帝王或诸侯在祖庙里对祖先的一种盛大祭祀。粢盛：音 zī chéng，盛在祭器内以供祭祀的谷物。

⑧ 业令：国事与政令。

⑨ 慆淫：慆，音 tāo，享乐过度，怠慢放纵。

⑩ 庶政：民政。

⑪ 庀：音 pǐ，治理。

⑫ 习复：复习。

⑬ 晦：天黑，夜晚。

⑭ 玄紞：音 xuán dàn，古代礼冠上系塞耳玉的丝带。古代有皇后亲织玄紞之事，后因以玄紞指女红。

公侯之夫人加之以纮綖①，卿之内子为大带②，命妇③成祭服，列士之妻加之以朝服，自庶士以下皆衣其夫。社而赋事，烝而献功④，男女效绩⑤，否则有辟⑥，古之制也。君子劳心，小人劳力，先王之训也。自上以下，谁敢淫心舍力？今我寡也，尔又在下位，朝夕处事，犹恐忘先人之业，况有怠惰，其何以辟！吾冀汝朝夕修我曰：'必无废先人'尔今也曰：'胡不自安？'以是承君之官，余惧穆伯之绝祀也。"

仲尼闻之曰："弟子记之，季氏之妇不淫⑦矣！"《诗》曰："妇无公事，休其蚕织。"言妇人以织绩为公事者也，休之非礼也。（选自《列女传·母仪传·鲁季敬姜》）

【译文】

春秋战国时期，公父文伯退朝后拜见敬姜，见母亲正在纺织。文伯说道："像我们这样的家庭，主母还要纺织，我担心会触怒季孙，他大概会认为我不能侍奉母亲吧？"

敬姜叹息道："鲁国要亡了吗？让小孩子为官而没有使其知道怎样为官啊！你坐下，我讲给你听。过去圣贤的君主安置百姓，选择贫瘠的土壤给他们，让他们勤劳工作然后加以使用，因此能够长久统治天下。百姓勤劳工作就会思虑，思虑就会产生善良的念头；安逸就会产生放纵的念头，放纵就会忘记善良，忘记善良就会生邪恶之心。生活在肥沃土地上的百姓没有什么才能，是因为放纵。贫瘠土地上的百姓崇尚道义，

---

① 纮綖：音 hóng yán，纮，古代冠冕上的绳带。綖，覆在冠冕上的装饰物。

② 内子：古代称卿大夫的嫡妻。大带：古代贵族礼服用带，有革带、大带之分。革带以系珮韨，大带加于革带之上，用素或练制成。

③ 命妇：古时被赐予封号的妇女，一般为官员的母亲、妻子。

④ 社：春社，每年春分时祭祀土地神。烝：古代特指冬天的祭祀。献功：在冬祭时奉献谷、帛等。

⑤ 效绩：效劳，立功。

⑥ 辟：刑法。

⑦ 淫：贪图安逸。

是因为他们勤劳。所以天子在清晨时穿着礼服在春分那天，同三公九卿祭祀土地，感恩大地。中午时考察政绩，交代百官政务，让师尹宣布众士和州牧的职责，安排民事。傍晚时天子祭月，和太史、司载观察天文。日落后考察宫中女官，让她们清洁祭祀的器皿，准备好祭祀之物，然后才能安息。诸侯清早接受天子布置的国事和政令，白天考察政务，傍晚检查典章法规，晚上警告众官，以免他们享乐怠慢，然后才能安息。卿大夫早上考察他们的职务，白天研究政务，傍晚梳理政业，晚上处理家事，然后才能安息。士早上接受教育，白天学习，傍晚复习，晚上反省过失，直到没有遗憾了，然后才能安息。自平民以下都是日出而作，日落而息，没有一天懈怠的。王后亲自为君王织冠饰，公侯的夫人为夫君加佩冠带，卿大夫的妻子亲自为夫君做腰带，官员的妻子做成祭服，士人的妻子为士人再加上朝服，自众士以下都给她们的丈夫制作衣服。祭社时分配劳作，冬祭时献上谷物与布帛，男女老少效劳立功，否则就会被治罪，这是自古就有的制度。君子操心，百姓出力，这是先王的遗训。自上而下，谁敢贪心偷懒？如今我守寡，你又是身处下位，每天从早到晚忙着做事，还唯恐忘了先人业绩，更何况懒惰懈怠，怎能不被处罚呢？我指望你早晚告诫我说：'千万不要废弃先人的遗训。'你今天却说：'你为什么不享受安逸呢？'像你这样做官，我担心你的父亲穆伯会断绝祭祀啊。"

孔子听说这件事后说道："弟子们要记住，季氏家的这位女子不贪图安逸。"《诗经》中说："妇人不做分内事，放弃纺织与养蚕。"这是说妇人要将纺织当作公事那样对待，放弃了它就是违背了礼。

2. 郑善果母

母（隋郑善果母翟氏）恒自纺绩，夜分而寐。善果曰："儿封侯开国，位居三品，秩俸①幸足，母何自勤如是邪？"答曰："呜呼！汝年已长，吾谓汝知天下之理，今闻此言，故犹未也。至于公事，何由济乎？今此秩俸，乃是天子报尔先人之徇命也。当须散赡六姻，为先君之惠，妻子奈何独擅其利，以为富贵哉！又丝枲纺织，妇人之务，上自王后，下至大夫士妻，各有所制。若堕业②者，是为骄逸。吾虽不知礼，其可自败名乎？"（选自《隋书·列传第四十五》）

【译文】

隋代大理寺卿郑善果的母亲翟氏总是自己纺线织布，直至深夜方才睡觉。郑善果就说："我被封侯爵享有封地，位至三品，俸禄丰厚，母亲何必要这样辛勤地劳作呢？"母亲回答说："唉！你已长大，我以为你懂得天下的道理了。如今听你这话，才知道你还是不懂道理。这点小事都还没懂，更何况公家的事，怎么能做好呢？你现在的俸禄，是皇帝对你父亲为国捐躯的厚报，应当将这些好处散发给六亲，以示你父亲的恩惠，妻和子怎能独享其利，谋求个人的富贵呢？再说纺纱织布，是妇人的本分，上自王后，下至士大夫之妻，都各有自己本职应该做的事。如果荒废本职工作，就是贪图安逸。我虽然不懂得礼法，可是怎么能败坏郑家的名声呢？"

3. 楚媛不违

唐，纪王慎女楚媛，封东光县主。八岁，慎疾，忧不甘食。慎怜之，绐③曰："已愈。"主察颜色未平，忧如故。长适裴仲将，事姑如母，

---

① 秩俸：根据功过确定的官员俸禄。

② 堕业：荒废学业或职业。

③ 绐：音 dài，哄骗。

严夫如宾，柔睦娣姒，慈惠幼贱。时戚里竞奢，见主约^①，谓之曰：“人生在适志，独勤苦何为？”对曰：“我幼好礼，今行之不违，非得志而何？且妇以恭逊成德，骄纵败名，况贵宠固傥来物也，可恃以陵人乎？”（选自《德育课本》）

【译文】

唐朝纪王李慎的女儿名叫楚媛，封做了东光县主。当楚媛八岁的时候，纪王李慎生了疾病，她心里忧愁得连饭也吃不下去。父亲李慎很怜悯她，就骗她说：“我的病已经好了。”楚媛仔细看父亲的脸上还带着病色，心里依然忧愁。长大嫁给裴仲将做妻子，她服侍婆婆像在家里服侍母亲一样，对待丈夫好像宾客一样的尊敬，与妯娌很和睦，对待晚辈和下人们的态度很慈爱。当时皇亲国戚都比富竞奢，他们见了东光县主很俭朴，对她说：“一个人活在世上，只要适意就好了，你何必独自这样勤勤俭俭、辛辛苦苦呢？”楚媛说：“我从小就喜欢礼法，现在我照着去做而不违背，并非意图什么？妇人家以恭谨谦逊的行为成就好的德行，骄奢放纵的行为就能败坏她的名誉，况且富贵和恩宠，得来很容易，失去也是容易的，怎么可以依仗它去欺凌别人呢？”

4. 欧母教子

太夫人姓郑氏，考讳德仪，世为江南名族。太夫人恭俭仁爱而有礼，初封福昌县太君，进封乐安、安康、彭城三郡太君。自其家少微时，治其家以俭约，其后常不使过之。曰：“吾儿不能苟合于世，俭薄所以居患难也。”其后修贬夷陵，太夫人言笑自若，曰：“汝家故贫贱也，吾处之有素矣。汝能安之，吾亦安矣。”

于是小子修泣而言曰：“呜呼！为善无不报，而迟速有时，此理之常也。惟我祖考，积善成德，宜享其隆，虽不克有于其躬，而赐爵受

---

① 约：简朴、节约。

封，显荣褒大，实有三朝之锡命，是足以表见于后世，而庇赖其子孙矣。"乃列其世谱，具刻于碑，既又载我皇考崇公之遗训，太夫人之所以教，而有待于修者，并揭于阡。俾知夫小子修之德薄能鲜，遭时窃位，而幸全大节，不辱其先者，其来有自。（选自《泷冈阡表》）

【译文】

（宋朝欧阳修）太夫人姓郑，她父亲名德仪，世代为江南名门大族。太夫人恭顺节俭、仁爱知礼，起初封福昌县太君，又进封乐安、安康、彭城三郡太君。自从她家里贫贱时，以节俭治理家务，后来家里过日子也不超过一定的花费，她说："我的儿子不能苟且迎合世俗，要俭朴节约，以预备有患难的时候。"后来修被贬官到夷陵，太夫人谈笑自若，说："你们家原来是贫贱的，我已经过得习惯了。你能安心，我也能安心！"

于是小子修哭泣着说："唉！行善没有不报的，只是快慢不同罢了，这是常理啊！我的祖先，积行善事成就了德行，应该享受这隆重的待遇。虽然不能活在世上享受，但赏赐封赠爵位，显示荣耀，褒扬光大，实在有三朝的宠幸诰封，足以表见扬名于后世，荫庇于子孙了！"所以列出世系家谱，刻在碑石上，既记载先父崇国公的遗言训诫，太夫人的教导，且有期待我的话，一道揭示于墓表上；使大家知道小子修的德行浅薄，才能低小，逢到时运窃取了官位，幸而能保全大节，没有辱没先人，这一切其实是有原因的。

5. 白孟礼教

明，白圭继妻孟氏，性端静，寡言笑。每以随夫宦邸①，不得奉侍舅姑为恨。方物②佳味，未寄不尝。尝谓人子不善，其母每庇护不闻于父，

---

① 宦邸：高级官员的住所。
② 方物：本地产物；土产。

则子恶日纵。故诸子有过，必告圭惩之。遇诸妇尤有礼法，侍立终日无敢失容。凡中馈①事，皆使亲劳。虽居京师，日躬事蚕绩。曰："诸妇皆出自贵家，吾将使其知成之不易，庶几能俭约也。"（选自《德育课本》）

【译文】

明朝时候，白圭的后妻孟氏，生性端庄娴静，不喜言笑。她常常因为自己跟随丈夫住在衙门里，不能够在家里亲自侍奉公公婆婆，而感到很遗憾。当地出产的美味，没有寄给公婆以前，她都不肯先吃。孟氏常常说，儿子有了不好的行为，做母亲的每每袒护，不肯给父亲知晓，这样一来，儿子就会一天一天的放纵起来。所以几个儿子若有了过失，一定告诉丈夫，严厉惩罚。孟氏对待儿媳妇们，尤其很有礼法，叫她们整日在旁边侍立着，不敢稍稍失了礼节。凡是家里饮食的事情，都叫儿媳妇们亲自去做。虽然住在京城里，但还是亲自养蚕绩丝，她说："我的几个儿媳妇，都是出自富贵人家，我要叫她们晓得衣服饮食都得来不易，这样才可以使她们养成节俭的好品德。"

6. 张廷玉母

张英妻姚，桐城人。英初官翰林，贫甚，或馈之千金，英勿受也。故以语姚，姚曰："贫家或馈十金五金，童仆皆喜相告。今无故得千金，人问所从来，能勿惭乎？"居恒质衣贳②米。英禄稍丰，姚不改其俭，一青衫数年不易。英既相，弥自谦下。戚党或使婢起居，姚方补故衣，不识也。问："夫人安在？"姚逡巡③起应，婢大惭沮。英年六十，姚制棉衣贷寒者。子廷玉继入翰林，直南书房，圣祖尝顾左右曰："张廷玉兄弟，母教之有素，不独父训也！"卒，年六十九，有含章阁诗。（选自《清史稿·列传二百九十五》）

---

① 中馈：指家中供膳诸事。

② 贳：音 shì，赊欠。

③ 逡巡：行为举止有节制。

【译文】

清朝，张英的妻子姚氏，是桐城人。张英起初在翰林做官时，家里很穷，有人馈送千金，张英不接受。张英故意告诉妻子姚氏，姚氏说："穷人家或得馈赠十金五金，童仆都欣喜相告。今无故得千金，人问是从哪来的，能不惭愧吗？"家里经常典当衣物或赊欠米做饭。后张英俸禄稍丰裕，姚氏勤俭之风不改，一件青衫，数年不换。张英做了宰相，姚氏更加谦卑。亲友派丫鬟来问起居，姚氏正在缝补旧衣，来人不认的，问她："夫人在哪里？"姚氏非常有礼节地起身应答，来的丫鬟大为惭愧。张英六十岁时，姚氏仍亲手缝制棉衣给宰相丈夫御寒。儿子廷玉，继入翰林，在南书房值班。康熙帝曾经环顾左右说："张廷玉兄弟，平常受母亲教育很好，不单单是父亲的训诫啊！"姚氏六十九岁去世，有《含章阁诗》传世。

第七节　廉

廉，东汉著名学者王逸在《楚辞·章句》中注释说："不受曰廉，不污曰洁"，就是说，廉是清廉，就是不接受、不贪取不应得的钱财；洁是洁白，就是指不让自己清白的人品受到玷污，就是廉洁。

人生活在世间，都有物质的需求，而谋求之道，却值得参详与斟酌，廉就是我们对物质需求的态度。孔子说："物质富有与地位高贵，这是人人都向往的，但如果不是用'道'的方式得来，君子是不接受的；贫穷低贱，这是人人都厌恶的，但如果不是用'道'的方式摆脱，是摆脱不了的。君子离开仁义，难道还能以恶立名？所以，君子任何时候，哪怕是在吃完一顿饭的短暂时间里也不离开'道'，仓促匆忙的时候是这样，颠沛流离的时候也是这样。""仁"为人之本，"仁道"是每个人安身立命的基础、生活的原则。君子爱财，取之有道。若为众为公，则其福泽绵长。为己为私，便如春露秋霜。倘或以机械变诈之术获得，何异于服砒霜、鸩酒以求长生，无不立见其死亡。本欲利己，卒成自戕。虽属自取，实可悲伤。所以，无论是富贵还是贫贱，仓促匆忙还是颠沛流离之时，都绝不能违背"仁道"这个基础和原则。用孟子的话来说，就是"富贵不能淫，贫贱不能移"。

人生世间，千思万算，种种作为。究到极处，不过是为了养自己与家人身口，为子孙谋虑遗留给子孙而已。然而对于身体而言，粗布亦可遮体，何必非得绫罗绸缎？粗茶淡饭尽可入口，何必非得鱼肉海味，夺它生命？子孙则或读书，或耕田，或为商贾，自可养身，何必非得夺他人财物而富有亿万？且古今为子孙谋万世之富贵者，莫过于秦始皇。吞并六国，焚书坑儒，收天下兵器以铸大钟，无非欲愚弱其民不能起事。谁知陈涉一起，群雄并作。一统之后，不上十二三年，便致身死国灭，子孙尽遭屠戮，直同斩草除根。是欲令子孙安乐者，反使其速得死亡也。且贵为天子，富有四海，尚不能令子孙世受其福，况区区凡夫？是故清代名臣林则徐说："子孙若如我，留钱做什么，贤而多财，则损其志；子孙不如我，留钱做什么，愚而多财，益增其过。"

东汉时，涿郡太守杨震，秉性公正廉洁，杨震在赴任途中经过昌邑时，昌邑县令王密来拜访他，并怀金十斤相赠。杨震说："故人知君，君不知故人，何也？"王密没听明白杨震的责备之意，说："天黑，无人知晓。"杨震说："天知，神知，你知，我知，何谓无知？"王密这才明白过来，大感惭愧，怏怏而去。于是杨震得号"四知太守"。杨震的子孙经常粗食步行。杨震的亲朋好友和同乡长者都劝杨震为儿孙们置办些产业。杨震始终不肯，他说："让我的儿孙后代被世人称为清廉官吏的子孙，将这样的美名留给子孙，这不是很丰厚的遗产吗？"

历史上称"江南第一家"的郑氏，在《郑氏规范》规定："子孙出仕有以赃墨闻者，生者则于《谱图》上削去其名，死则不许入祠堂。"从宋到元，郑氏已有多人为官，在明代，共有四十七人为官，官位最高的是礼部尚书。令人惊叹的是，郑氏子孙没有一个因贪污被罢官。

宋代政治家、历史学家司马光说:"遗金于子孙,子孙未必能守;遗书以子孙,子孙未必能读;不如积阴德于冥冥之中,方为子孙长久之计。"说的就是绵延后嗣的良方,廉洁奉公,积德于子孙这个道理。古代贤明的父母,不光自己以德修身,想的是积厚福,积阴德,庇荫后代,绝对不只是自己一生的享乐而已,绝不给子孙积累祸根。为人母亲,从小就要培养子女廉洁的美德,这才是真正安身立命之道。

附二四:廉篇六人

1. 李习求贫

吴李衡,字叔平,本襄阳卒家①子也,汉末入吴为武昌庶民。后加威远将军,援以棨戟②。衡每欲治家③,妻辄不听,后密遣客十人于武陵龙阳汜洲上作宅,种甘橘千株。临死,敕儿曰:"汝母恶我治家,故穷如是。然吾州里有千头木奴,不责汝衣食,岁上一匹绢,亦可足用耳。"衡亡后二十余日,儿以白母,母曰:"此当是种甘橘也,汝家失十户客来七八年,必汝父遣为宅。汝父恒称太史公言,'江陵千树橘,当封君家'。吾答曰:'且人患无德义,不患不富,若贵而能贫,方好耳,用此何为!'"(选自《三国志·三嗣主传第三·襄阳记》)

【译文】

三国时吴国的李衡,字叔平,襄阳兵家的儿子,汉朝末期进入吴国,成为武昌平民。李衡后来为威远将军,授以棨戟。李衡总想给子孙们多置办些家业,夫人习氏却不让做。李衡便私下让十位仆人到汜阳买宅地,种了一千棵柑橘树。临终前,李衡对儿子说:"你母亲讨厌我治家产,所以咱家穷成这个样子。然而在我们的故里。有了一千头的木奴。

---

① 卒家:兵家。
② 棨戟:音qǐ jǐ,古代官吏所用的仪仗,出行时作为前导,后亦列于门庭。
③ 治家:经营农业;谋生计。

不会向你求取衣食，每年又能上交绢一匹，应当能满足家用了。"李衡死后二十多天，儿子将父亲的遗言告诉了母亲。母亲习氏说道："大约就是说的橘子呵。在七八年以前。家里忽然间少了十个门下客人。想来就是你父亲，差了他们去种橘子树的了。你父亲在世时，经常对我说，太史公说过：'江陵地方的一千株橘树，当封给我们家里。'我当时便回答说：'为人在世上，只怕没有了仁义道德，不怕家里不富。若是贵了，家里仍旧贫苦，这才算得好的，要这个做什么呢！'"

2. 崔玄暐母

崔玄暐，博陵安平人也。父行谨，为胡苏令。本名晔，以字下体有则天祖讳，乃改为玄暐。少有学行，深为叔父秘书监行功所器重。龙朔中，举明经，累补库部员外郎。其母卢氏尝诫之曰："吾见姨兄屯田郎中辛玄驭云：'儿子从宦①者，有人来云贫乏不能存，此是好消息。若闻资②货充足，衣马轻肥③，此恶消息。'吾常重此言，以为确论。比见亲表中仕宦者，多将钱物上其父母，父母但知喜悦，竟不问此物从何而来。必是禄俸余资，诚亦善事。如其非理所得，此与盗贼何别？纵无大咎④，独不内愧于心？孟母不受鱼鲊之馈，盖为此也。汝今坐食禄俸，荣幸已多，若其不能忠清，何以戴天履地⑤？孔子云：'虽日杀三牲之养，犹为不孝。'又曰：'父母惟其疾之忧。'持宜修身洁己，勿累吾此意也。"玄暐遵奉母氏教诫，以清谨见称。寻授天宫郎中，迁凤阁舍人。（选自《旧唐书·列传第四十一》）

---

① 宦：官。为官。
② 资：财货。
③ 轻肥：轻裘肥马，喻贵显。
④ 咎：过失，罪，怪罪处分。
⑤ 戴天履地：顶天立地，犹言生于世间。

【译文】

唐朝时期，崔玄暐，博陵安平人，父崔行谨，曾为胡苏县令。崔玄暐，本名晔，因字的下体晔为武则天祖父的名，于是改为玄暐。少年时代学习以及品行就很好，为叔父秘书监崔行功所器重。龙朔年中（662），参加明经科考试中举，任库部员外郎。

他的母亲卢氏曾训诫他说："我见姨兄屯田郎中辛玄驭说：'儿子做了官，有人来说贫穷不能生存，这的确是好消息。但听到他钱财充足，轻裘马肥，这是坏消息。'我很看重这话，认为这是正确的观点。近来看见亲表中做官的，多将钱物来交给父母，父母只知喜悦，竟不问此物从何而来。如确定是俸禄中所用之剩余，这也确实是好事；如果不是合理所得，这与盗贼有什么区别呢？纵然没有大的过失，难道不有愧于心吗？孟仁母不受赠送的鲊鱼，大概就是为的这一点吧！你现在食俸禄，荣幸已多，如果不能忠正清廉，怎么好意思立足于天地？孔子说：'虽每天杀三牲养父母，仍然不能算孝。'又说：'父母担忧的是子女的缺点所在。'这些话特别提醒人要修身洁己，不要辜负了我的这番心意。"崔玄暐遵奉母亲的教导，做官以清谨见称。不久，崔玄暐授天官郎中，又升迁观阁舍人。

3. 齐田稷母

齐田稷子之母也。田稷子相齐①，受下吏之货金百镒②，以遗③其母。母曰："子为相三年矣，禄未尝多若此也，岂修士大夫之费哉！安所得此？"对曰："诚受之于下。"其母曰："吾闻士修身洁行，不为苟得④。竭情尽实，不行诈伪。非义之事，不计于心。非理之利，不入于家。言行

① 相齐：在齐国为相。

② 镒：音yì，古代黄金的计量单位，一镒，二十两或二十四两。

③ 遗：音wèi，给予，赠送。

④ 苟得：不应当得到而获得。

若一，情貌相副 ①。今君设官以待子，厚禄以奉子，言行则可以报君。夫为人臣而事其君，犹为人子而事其父也。尽力竭能，忠信不欺，务在效忠，必死奉命，廉洁公正，故遂 ② 而无患。今子反是，远忠矣。夫为人臣不忠，是为人子不孝也。不义之财，非吾有也。不孝之子，非吾子也。子起。"田稷子惭而出，反其金，自归罪于宣王，请就诛焉。宣王闻之，大赏其母之义，遂舍稷子之罪，复其相位，而以公金赐母。君子谓稷母廉而有化。《诗》曰："彼君子兮，不素飧 ③ 兮。"无功而食禄，不为也，况于受金乎！

颂曰：田稷之母，廉洁正直。责子受金，以为不德。忠孝之事，尽财 ④ 竭力。君子受禄，终不素食。（选自《列女传·母仪传》）

【译文】

战国时期，齐田稷母，是齐国田稷子的母亲。田稷子在齐国为相的时候，接受了下属官吏赠送的黄金二千两，他便将这黄金送给他母亲。母亲说道："你当相国已经三年了，从来就没有这么多的俸禄，难道这是收取了士大夫的钱财？你是怎么得到这些钱的？"田稷子回答道："的确是下属送给我的。"他的母亲说道："我听说士大夫应当修身洁行，不苟且贪利。表达自己的真情实感，不做狡诈虚伪的事。不道义的事，不在心中谋划。不合理的利益，不要收归到家中。要言行一致，情貌相符。现在君主让你担任官职，给你丰厚的俸禄，你就应当用自己的言行去报答君主。作为臣子侍奉君主，就好像儿女侍奉父亲一样，应当尽力竭能，忠诚守信不欺诈，务必要效忠，抱着必死的决心去奉行命令，还要廉洁公正，这样才能通达避开祸患。现在你反其道而行，远离忠诚了啊！你作为臣子不忠诚，就好像是作为儿子不孝顺一样。不义之财，不是我应

① 相副：相称，相配。

② 遂：通达。

③ 素飧：不劳而食，无功受禄。语见《诗经·魏风·伐檀》。飧同"餐"。

④ 财：通"才"，才能。

该有的。不孝之子，也不是我的儿子。你走吧。"田稷子惭愧地走出门，他将受贿的钱财全部给人送了回去，又向宣王请罪。宣王听了这事之后，非常欣赏田稷子母亲的大义，也就免除了田稷子的罪过，仍旧让他为相，并用国库的钱赏赐田稷子的母亲。君子称赞田稷子之母廉洁而善于教化。《诗经》中说："那些高高在上的君子啊，不是天天吃闲饭。"无功而受禄的事，不可以做，更何况是接受金钱呢？

颂说：田稷子的母亲，廉洁正直。责备儿子接受贿金，认为这是不道德的事。教导他忠孝尽职，竭尽才能为国效力。君子接受俸禄，从来都不吃白食。

4. 吴孟仁母

吴，孟仁①初为骠骑将军朱据军吏，将②母在营。既不得志，又夜雨屋漏，因起涕泣，以谢其母，母曰："但当勉之，何足泣也？"据亦稍知之，除③为监池④司马⑤。自能结网，手以捕鱼，作鲊寄母，母因以还之，曰："汝为鱼官，而以鲊寄我，非避嫌也，宜深戒之。"（选自《三国志·三嗣主传第三》）

【译文】

三国时期吴国人孟仁，起初当了骠骑将军朱据手下的一名军吏，带着母亲住在军营中，儿子因为不得志，再加上住的屋子夜里下雨漏水，便坐起来涕哭抽泣并告罪母亲。他母亲见了说："一个人应当自强自勉，

---

① 孟宗，三国时江夏人，后因避孙皓字讳，改名孟仁，字恭武，官居吴国司空。素仁孝，"哭竹生笋"指的就是孟仁为其母求笋的故事。

② 将：带领。

③ 除：拜官。

④ 监池：地名。

⑤ 司马：官名，汉宫门及大将军、将军、校尉之属官，都有司马。边郡亦设置千人司马，专管兵事。

贫穷何用涕哭。"朱据将军知道此事后，便任命吴孟仁担任监池县的司马之官。吴孟仁自己能结网捕鱼，做了鱼制品送给母亲，母亲不吃，还给儿子，并说："你当了管鱼业的官，而用鱼制品寄与我，这不是避嫌疑的道理。你应该深刻检讨，引以为戒。"

5. 晋陶侃母

陶侃母湛氏，豫章新淦人也。初，侃父丹娉为妾，生侃，而陶氏贫贱，湛氏每纺绩资给^①之，使交结胜己。侃少为寻阳县吏，尝监鱼梁，以一坩^②鲊遗母。湛氏封鲊及书，责侃曰："尔为吏，以官物遗我，非惟不能益吾，乃以增吾忧矣。"（选自《晋书·陶侃列传》）

【译文】

晋朝时期，陶侃的母亲湛氏，是豫章新淦人。起初，陶侃的父亲陶丹娶为妾，生了陶侃，而陶家贫贱，湛氏每天依靠纺绩供给家里，让陶侃交比自己优秀人的做朋友。陶侃少时当了浔阳县的官吏，监管渔夫们打渔的事。有一天，他将一罐加工好的鱼制品送给母亲吃。母亲不吃，并将鱼重新封好退给儿子。并写了封信责备儿子说："你作为一名官吏而不廉洁，我对此感到忧愁。"

6. 李畲之母

监察御史李畲^③母清素贞洁。畲请禄，米送至宅，母遣量之，剩三石。问其故，令史曰："御史例不概^④。"又问："车脚钱几?"又曰："御史例不还脚车钱。"母怒，令送所剩米及脚钱以责畲。畲乃追仓官科罪，诸御史皆有惭色。（出自《朝野佥载》）

---

① 资给：资助，供给。

② 坩：音 gān，盛物的陶器、瓦锅。

③ 畲：音 shē。

④ 概：刮平斗、斛用的小木板。

【译文】

唐代监察御史李畲的母亲为人清白正派。一次,李畲发放奉禄,禄米由差役送到家里,母亲令人按照标准过数,结果多出三石。询问多出来的原因时,差役说:"御史的禄米出库时一向不将高出斗口的部分刮平。"母亲又问应付多少车脚钱,差役又说:"给御史家送禄米一向不收车脚钱。"李母生气了,命令差役送还多出的禄米与应付的车脚钱,以此表示对李畲的责备。李畲得知后便追问仓库官员,并且治了他的罪。各位御史见此情景,脸上都现出羞愧的颜色。

第七章

慈继母

继母，就是父亲的继配，又称后母。古时，大多是母亲早去世，父亲再继娶一位妻子来，这就是继母。母亲对于子女的养和教，本不容易，当继母更是不容易。亲生母亲和继母的区别，在血缘上可能有差异，在对子女的养育问题上，在做人的道义上并无差别。虽无血缘关系，在名分上的确是母亲。既然选择了这个家庭，嫁过来做继母，就要承担起母亲的职责。

第一，要有仁爱心、平等心

人生无常，许多母亲在生命历程里，没有养育子女长大就撒手人寰，也不能享受子女的孝养，可谓不幸。对前房，两人前后同是一个丈夫，实有姊妹之义，缘分非同小可，对前房遗留的子女，当生怜爱心。若再有打骂虐待行为，他亲母在九泉之下，多么心疼哪！这样做，也愧对自己的丈夫，有失夫妇之道，况对自己的阴骘上，有绝大关系。所以继母应无分别心，要一视同仁，在衣食财物方面，挨着次序，应有尽有。

第二，要依道义教育子女

本分是继母，实则是母亲，要与自己亲生子女，一样看待，完成教养子女之事，该管的要管，该教的要教，倘遇前房子女有差错，良心上哪能过得去。要教之以道，希望他长大成人，品行端正，并有自立的能力。能立身行道，扬名显亲，告慰他先母的灵魂。如此方显出当继母的恩德广大，教子有方！

要教导子女知道手足之情，兄友弟恭，使儿女心理上无有隔阂。前房子女，与自己的子女，自然互相亲爱，忘了是同父异母。只要我的心真，儿女断乎不能假，等到儿子娶了媳妇，待遇上视如同母一样，方不失为人母之道。

附二五：慈继母八人

1. 魏芒慈母

　　魏芒慈母者，魏孟阳氏之女，芒卯之后妻也，有三子。前妻之子有五人，皆不爱慈母。遇①之甚异，犹不爱。慈母乃令其三子，不得与前妻子齐衣服饮食，起居进退甚相远。前妻之子犹不爱。于是前妻中子犯魏王令，当死，慈母忧戚悲哀，带围②减尺，朝夕勤劳以救其罪。人有谓慈母曰："人不爱母至甚也，何为勤劳忧惧如此？"慈母曰："如妾亲子，虽不爱妾，犹救其祸而除其害，独于假子③而不为，何以异于凡母？其父为其孤也，而使妾为其继母。继母如母，为人母而不能爱其子，可谓慈乎？亲其亲而偏其假，可谓义乎？不慈且无义，何以立于世？彼虽不爱，妾安可以忘义乎？"遂讼之。魏安釐王闻之，高④其义曰："慈母如此，可不救其子乎？"乃赦其子，复⑤其家。自此五子亲附⑥慈母，雍雍⑦若一。慈母以礼义之渐，率导⑧八子，咸为魏大夫卿士，各成于礼义。君子谓慈母一心。《诗》云："鸤鸠在桑，其子七兮。淑人君子，其仪一兮。其仪一兮，心如结兮⑨。"言心之均一也。鸤鸠以一心养七子，君子以一仪养万物。一心可以事百君，百心不可以事一君。此之谓也。

---

　　① 遇：对待，款待。

　　② 带围：腰带绕身一周的长度。旧时以带围的宽紧观察身体的瘦损与壮健。

　　③ 假子：丈夫前妻之子。

　　④ 高：尊崇、敬重。

　　⑤ 复：免除赋税或劳役。

　　⑥ 亲附：亲近依附。

　　⑦ 雍雍：和顺、和乐的样子。

　　⑧ 率导：谓以自身的表率行为对他人进行教导。

　　⑨ 鸤鸠在桑，其子七兮。淑人君子，其仪一兮：出自《诗经·国风·曹风·鸤鸠》。鸤鸠即布谷鸟。饲子早晨从上到下、傍晚从下到上，平均如一。如淑人君子之威仪如一也。

颂曰：芒卯之妻，五子后母。慈惠仁义，扶养假子。虽不吾爱，拳拳若亲。继母若斯，亦诚可尊。（选自《列女传·母仪传》）

【译文】

战国时期，魏芒慈母，是魏国孟阳氏的女儿，芒卯的后妻，她生了三个儿子。芒卯的前妻有五个儿子，都不亲近慈母。慈母对他们特殊照顾，他们仍然不亲近她。慈母就让自己的三个儿子在穿衣饮食、起居进退方面不要跟前妻的儿子平等，相差甚远。即使慈母这样做，前妻的儿子们对她还是不感恩。

一次，前妻的一个儿子触犯了魏王的命令，当处以死刑。慈母为此感到忧伤悲哀，一下消瘦了很多。她每天都辛勤奔波来救这个儿子。有人就对慈母说："他们很不爱你，你为什么还要这么费心忧愁呢？"慈母回答道："假如是我亲生的儿子，即使不爱我，我仍然要救他免于祸害，如果不是亲生的儿子就不这样做，那跟普通的母亲又有什么区别呢？他们的父亲因为他们没有了母亲，才让我做了他们的继母。继母就好像是他们的亲生母亲一样，作为人母若不疼爱孩子，说得上是慈爱吗？亲近自己的亲生儿子而冷淡前妻的儿子，还能称得上是仁义吗？不慈爱也不仁义，何以在世上立身呢？他们虽然不爱我，但我怎能忘义呢？"于是就去上书求情。魏安釐王知道了这事，很是敬重慈母的大义，说道："慈母这样做，我怎能不救她的儿子呢？"于是就赦免了她的儿子，免除了她家的赋税徭役。从此之后，前妻的的五个儿子亲近慈母，和乐融融。慈母以礼义教育感化八个儿子，使得他们都成为魏国大夫卿士，在礼义上各有成就。君子称赞慈母平等对待儿子们。《诗经》中说："布谷鸟在桑树上，它哺育着众多雏鸟。淑人君子啊，行为准则坚守一致。行为准则坚守一致，心如磐石一般坚定。"说的就是对人要有均等之心。布谷鸟同等哺育七个孩子，君子对待万物一视同仁。一心可以侍奉百位君主，但百种心思却不能侍奉一个君主。说的就是这个道理。

颂说：芒卯的妻子，是五个儿子的继母。她慈惠仁义，抚养继子。

虽然孩子们不喜欢她，她却真诚地对待他们，把他们当作自己的孩子一样。继母做到像她这样的，的确是令人尊敬。

2. 珠崖二义

二义者，珠崖令之后妻及前妻之女也。女名初，年十三。珠崖多珠，继母连大珠以为系臂。及令死，当送丧。法，内^①珠入于关者死。继母弃其系臂珠。其子男，年九岁，好而取之，置之母镜奁^②中，皆莫之知。遂奉丧归，至海关，关候士吏搜索，得珠十枚于继母镜奁中。吏曰："嘻！此值法^③无可奈何，谁当坐者？"初在，左右顾，心恐母去置镜奁中，乃曰："初当坐之。"吏曰："其状何如？"对曰："君不幸，夫人解系臂弃之。初心惜之，取而置夫人镜奁中，夫人不知也。"继母闻之，遽^④疾行问初，初曰："夫人所弃珠，初复取之，置夫人奁中，初当坐之。"母意亦以初为实，然怜之，乃因谓吏曰："愿且待，幸无劾^⑤儿，儿诚不知也。此珠妾之系臂也，君不幸，妾解去之，而置奁中。迫奉丧，道远，与弱小俱，忽然忘之，妾当坐之。"初固曰："实初取之。"继母又曰："儿但^⑥让耳，实妾取之。"因涕泣不能自禁。女亦曰："夫人哀初之孤，欲强活初耳，夫人实不知也。"又因哭泣，泣下交颈，送葬者尽哭，哀动傍^⑦人，莫不为酸鼻挥涕。关吏执笔书劾，不能就一字。关候垂泣，终日不能忍决，乃曰："母子有义如此，吾宁坐之，不忍加文，且又相让，安知孰是？"遂弃珠而遣之，既去，后乃知男独取之也。

---

① 内：同"纳"，私藏、藏有。

② 奁：音 lián，女子用于梳妆的镜匣子。

③ 值法：触犯法律。

④ 遽：音 jù，急忙，赶紧。

⑤ 劾：音 hé，审理，判决，揭发罪状。

⑥ 但：只是。

⑦ 傍：音 páng，旁边。

君子谓二义慈孝。《论语》曰："父为子隐，子为父隐，直在其中矣。"若继母与假女推让争死，哀感傍人，可谓直耳。

颂曰：珠崖夫人，甚有母恩。假继相让，维女亦贤。纳珠于关，各自伏愆。二义如此，为世所传。（选自《列女传·节义传》）

【译文】

汉朝，珠崖二义，是珠崖郡县令的后妻和他前妻的女儿。县令的女儿名初，年纪十三岁。珠崖盛产珍珠，初的继母穿连大珍珠系在手上。县令死后，家人应当送丧回内地。依法规定，私藏珍珠进入到海关的要判处死刑。继母就扔了手臂上的珠子。她九岁的儿子很喜欢，就将珠子捡起来，放在母亲的镜匣里，别人都不知道。

当护送灵柩的人到了海关时，海关官吏检查搜索，在继母的镜匣里找到了十颗珍珠。官吏说道："唉！这是犯法之事，没什么可说的，谁应当领罪？"初在场，她左右看看，心中担心是继母放在镜匣里的，就说道："我来领罪。"官吏问道："这是怎么回事？"初回答道："先父不幸去世，夫人就丢掉了手臂上的珍珠。我觉得可惜，就捡了回来放在夫人的镜匣里，夫人并不知情。"继母一听，赶紧走过去问初是怎么回事，初说："夫人丢下的珍珠，我又捡起来，放在夫人的镜匣里，我应当去领罪。"继母也以为初说的是真话，但很爱怜她，就对官吏说道："请您等一等，希望不要给小孩子治罪，孩子确实不知情。这串珍珠是我系在手臂上的，因为丈夫不幸去世，我解下来放在镜匣中。后来急着料理丧事，路途遥远，又带着孩子们，一不留心，我就把珍珠的事情给忘了，有罪的应当是我。"初坚持说道："真的是我放的。"继母又说："小孩子只是在推让，实际上是我放的。"说着情不自禁的哭起来。初也说道："夫人可怜我是个孤儿，想要我活命，其实她并不知情。"说完也哭了，她们相拥在一起哭泣，送葬的人也都哭了，悲哀之情感染了旁边的人，没有不鼻子一酸，眼泪流了出来的。海关的官吏拿着笔写罪状，却一个字都写不出来。海关长官低头落泪，一整天都不忍心作出判决，于是说道："你们母女如此讲义气，我宁可自己受罪，也不忍心给你们判罪。况且你们两个互相推让，怎么知道该判谁的罪？"于是就丢了珍珠，放她们走了。离开后，大家才知道是男孩拿的。君子称赞她们仁慈孝顺。《论语》中说："父亲为儿子隐瞒，儿子为父亲隐瞒，正直就在其中了。"就好像继母与继女争死让活，哀情感染了别人，可以说是正直的人了吧！

颂说：珠崖郡县令的夫人，非常有母亲的恩慈。继女与继母争死让活，这个女孩也很贤惠。带着珠子进海关，各自争着服罪。二人如此有道义，为世间传诵。

3. 程文巨妻

汉中程文矩妻者，同郡李法之姊也，字穆姜。有二男，而前妻四子。文矩为安众①令，丧于官。四子以母非所生，憎毁日积，而穆姜慈爱温仁，抚字②益隆，衣食资供，皆兼倍所生。或谓母曰："四子不孝甚矣，何不别居③以远之？"对曰："吾方以义相导，使其自迁善也。"及前妻长子兴遇疾困笃，母恻隐自然，亲调药膳，恩情笃④密。兴疾久乃瘳，于是呼三弟谓曰："继母慈仁，出自天受。吾兄弟不识恩养，禽兽其心。虽母道益隆，我曹过恶亦已深矣！"遂将三弟诣⑤南郑⑥狱，陈母之德，状己之过，乞就刑辟⑦。县言之于郡，郡守表异其母，蠲除⑧家徭，遣散四子，许以修革。自后训导愈明，并为良士。穆姜年八十余卒。临终敕诸子曰："吾弟伯度，智达士也。所论薄葬，其义至矣。又临亡遗

① 安众：县名，汉置，汉中地名，属南阳郡，故城在今河南镇平县东南。
② 抚字：抚养之意。
③ 别居：另居一处。
④ 笃：忠实，全心全意，病沉重。
⑤ 诣：到，旧日特指到尊长那里去。
⑥ 南郑：县名，今陕西汉中市。
⑦ 刑辟：刑法；刑律。
⑧ 蠲除：音 juān chú，废除；免除。

令，贤圣法也。令汝曹遵承，勿与俗同，增吾之累。"诸子奉行焉。（选自《后汉书·列女传》）

【译文】

汉朝时，汉中程文矩之妻，同郡李法之姊，字穆姜。有两个儿子，而前妻有四个儿子。文矩做安众令，死在任上。四个儿子认为母亲是后母，恨毁之心日积，可是穆姜慈爱温和，抚养更加尽心，衣食资财供给都比亲生儿子加倍。有人对母说："四个孩子不孝得很，为什么不另外居住疏远他们一些？"答道："我正用道义来引导，让他们自己变好哩。"后来前妻的大儿子程兴生病很厉害，后母内心不安，亲自调理药和膳食，恩情极厚。程兴病了许久才好，于是把三个弟弟叫来说道："继母慈祥仁爱，出自本能天授。我们兄弟不知道孝顺，是禽兽心肠。虽然母爱更厚，我们的过恶也很深了。"于是带领三个弟弟到南郑牢狱，说明母之恩德，也诉述自己的过失，请求处以刑罚。县官报告郡守，郡守表彰其母，免去他家的差役，遣散四个儿子回家，准许他们改过自新，从此以后训导更加严明，都成为良士。穆姜年八十多岁去世。临终交代几个儿子道："我的弟弟伯度，智慧通达之士。他所说的薄葬，其意义很深。又有前朝一些临死前的遗令，都是圣贤的法令，叫你们遵守，不要与流俗相同，增加我的负担。"几个儿子都照办。

4. 陆让之母

陆让母者，上党①冯氏女也。性仁爱，有母仪，让即其孽子②也。仁寿中，为番州刺史，数有聚敛③，赃货狼籍④，为司马所奏。上遣使按之⑤

---

① 上党：主要指今天的山西省长治市。

② 孽子：庶子，非正妻所生之子。

③ 聚敛：重税搜刮（民财）。

④ 赃货狼籍：指贪污受贿，行为不检，名声败坏。

⑤ 按之：（现场）勘查。

皆验，于是囚诣长发，亲临问。让称冤，上复令治书侍御史抚按之，状不易前。乃命公卿百僚议之，咸曰"让罪当死"。诏可其奏。

让将就刑，冯氏蓬头垢面诣朝堂数让曰："无汗马之劳，致位^①刺史，不能尽诚奉国，以答鸿恩，而反违犯宪章，赃货狼籍。若言司马诬汝，百姓百官不应亦皆诬汝。若言至尊不怜愍汝，何故治书覆汝？岂诚臣？岂孝子？不诚不孝，何以为人！"于是流涕呜咽，亲持盂粥劝让令食。既而上表求哀，词情甚切，上愍然^②为之改容。献皇后甚奇其意，致请于上。治书侍御史柳彧进曰："冯氏母德之至，有感行路^③。如或杀之，何以为劝？"上于是集京城士庶于朱雀门，遣舍人宣诏曰："冯氏以嫡母之德，足为世范，慈爱之道，义感人神，特宜矜^④免，用奖风俗。让可减死，除名为民。"复下诏曰："冯氏体备仁慈，夙闲礼度。孽让非其所生，往犯宪章，宜从极法。躬自诣阙，为之请命，匍匐顿颡^⑤。朕哀其义，特免死辜。使天下妇人皆如冯者，岂不闺门雍睦^⑥，风俗和平！朕每嘉叹不能已。宜标扬优赏，用章有德。可赐物五百段。"集诸命妇，与冯相识，以宠异^⑦之。（选自《隋书·列传第四十五》）

【译文】

隋朝陆让的母亲，是上党冯氏的女儿，生性仁爱，有慈母的风范，陆让是她的庶子。隋朝仁寿年间，为番州刺史，屡次重税搜刮民财，犯了贪赃枉法的罪，贪污受贿，行为不检，名声败坏，被司马奏报给朝廷。皇上派遣使者去核查，完全符合，于是就囚禁了送到长发，皇上亲自审

---

① 致位：谓达到某种职位。

② 愍然：怜悯貌。

③ 行路：路人，在路上行走的人。

④ 矜：怜悯，怜惜。

⑤ 顿颡：音 dùn sǎng，屈膝下拜，以额角触地。多表示请罪或投降。

⑥ 雍睦：音 yōng mù 是指团结，和谐的意思。

⑦ 宠异：给以特殊优厚的待遇。

问。陆让称自己冤枉，皇上又命治书侍御史抚去核查，核查后不能改变原先状况。于是就交给公卿百官共同讨论此事，大家都说，"陆让的罪行应当被处死。"于是下诏准许了大家的奏议。即将受刑的时候，冯氏蓬头垢面来到朝堂，数落陆让的罪行，说："没有立下汗马功劳，却达到了刺史的官位，不能尽忠诚报国，来报答皇上的鸿恩，反而违犯国家宪令规章，贪污受贿，行为不检，名声败坏。如果说司马诬陷你，百姓和百官不应该也都诬赂你。如果说皇上不怜悯你，为何命治书侍御史反复核查你？你怎能是忠诚的臣子？你怎能是孝顺的儿子？不忠诚不孝顺，怎么可以做人！"于是流涕痛哭，亲自捧着一碗粥劝陆让吃，接着上书皇上哀求，言词悲哀，情真意切。皇上怜悯而为之改变了态度。献皇后甚为惊奇，向皇上求情。治书侍御史柳彧进一步说："冯氏这种嫡母对侍妾儿子的慈爱母德，即使一个不相干的路人也会为之感动。如果杀了陆让，拿什么来劝世人为善？"皇上于是召集京城的士庶官员来到朱雀门，由舍人宣读诏书："冯氏以非亲生母亲的身份善待庶子的品德，足以成为世人的典范，她的慈爱之道，义感人神。应当嘉奖勉励，以净化风俗。陆让可以免去死罪，予以除名为平民。"又下诏褒奖冯氏，说："冯氏体性仁慈，平时就约束自己合乎礼度。庶子陆让并非她所生，过去违犯国家宪章，应该处以死刑。冯氏亲自到达皇宫，为庶子陆让请命，匍匐屈膝下拜，以额角触地。朕怜悯其做母亲的大义，特免陆让死罪。如果天下妇人都像冯氏一样做母亲，岂不是家家和谐，风俗和平！朕每次感叹，情不能已。应该表扬，厚加赏赐这种有章法有德的行为，可以赏赐五百段布帛。"还召集那些有身份的妇女与冯氏认识，以示对她的特殊恩宠。

5. 季姜雍穆

季姜，梓潼文氏女，将作大匠①广汉②王敬伯夫人也，少读《诗》

---

① 将作大匠：中国古代官名，掌管宫室修建之官。
② 广汉以及下面犍为、蜀郡都是四川地名。

《礼》。敬伯前夫人有子博、女纪、流二人，季姜生康、稚、芝，女始、示，凡前后八子。抚育恩爱，亲继若一。堂祖母性严，子孙虽见官二千石，犹杖之，妇跪受罚。堂历五郡，祖母随之官。后以年老，不愿远乡里，姜亦常侍养左右。纪、流出适，分已侍婢给之。博好写书，姜手为作帙①。于是内门相化，动行推让。博妻犍为杨进及博子遵妇蜀郡张叔纪服姑之教，皆有贤训，号之"三母"。堂亡，姜敕康、稚、芝妇事杨进如姑，中外则之，皆成令德。季姜年八十一卒，四男弃官行服②，四女亦从官舍交赴，内外冠冕③百有余人，当时荣之。王氏遂世兴。（选自《华阳国志卷十下》）

【译文】

汉朝季姜，是四川省梓潼县文氏的女子，是将作大匠广汉人王敬伯的妻子，自小喜读《诗经》《礼记》。王敬伯的前妻遗留下了三个孩子，儿子名叫王博，大女儿名叫王纪，小女儿叫王流。文季姜自己有三个儿子，分别叫王康、王稚和王芝，两个女儿名叫王始和王示。文季姜前前后后抚育着八个子女，不论是自己的孩子还是前妻的孩子，文季姜都一样看待。敬伯的堂祖母生性严苛，她的子孙即使官至二千石，她仍旧会杖责他们，并且妇人也要受罚跪在堂下。祖母跟随他做官，经过五个郡地，后来因为年事已高，不愿远离家乡，季姜就在她的身边服侍赡养。在王纪和王流出嫁的时候，她把自己的丫鬟分给了她们。儿子王博喜好写字，她就亲手为他做装字画的套子。于是家里相互感化，都能够互相推让。王博的妻子四川犍为人杨进和王博的儿子王遵的妻子四川蜀郡人张叔纪，她们都能遵从文季姜的教诲，并且都非常贤德，人们称为"三母"。堂祖母去世，文季姜吩咐王康、王稚和王芝的妻子，服侍大嫂杨进像孝敬婆婆一般，内外效法，都成就美德。文季姜八十一岁去世，四

① 帙：音 zhì，书、画的封套，用布帛制成。

② 行服：谓穿孝服居丧。

③ 冠冕：古代皇冠或官员的帽子。

个儿子都辞了官职，回来为母亲守孝。四个女儿也都连夜赶赴母亲家。参加丧礼的官员有一百多个，那时候的人都觉得很荣耀。王氏家族世代兴盛。

6. 余楚之妻

未，余楚继妻陈氏，生子翼。三岁而楚死，陈氏尽以其产与前妻二子，谓翼曰："彼无母，勿以此为争也。"翼年十五，使游学四方，氏穷窭^①，几无以自存。翼在外十五年，成进士归，迎母入官，氏闻前妻二子贫困，收养而存恤之。

吕坤曰：继母每私其所生，能均产业，足矣，况夫产尽让前子。既贫而又恤之，即亲母何加焉。均产，中道也。让产，贤道也。天下无过慈之继母，吾于陈氏所深取焉。（选自《闺范》）

【译文】

宋朝时，余楚的后妻陈氏，生了一个儿子名叫余翼。余翼到了三岁的时候，余楚就去世了。陈氏就把家产完全让给了前妻生的两个儿子，并且对自己的儿子说："他们没有了母亲，你不要为了这些家产和他们争。"等到余翼十五岁了，陈氏就叫他到外面去游学。这时候，陈氏非常穷苦，几乎无法生存。后来余翼在外边过了十五年，中了进士回来，把母亲迎接去了。陈氏打听得前妻的两个儿子，还是穷苦困顿，也把他们接过来同住，并且时刻照应他们。

吕坤说："继母常常偏爱她自己生的孩子，能均分财产，已经足够贤良了。何况是把丈夫的产业都让给前妻之子，等到看见他们贫穷又救济他们。即使是亲母也不能更好了。均分财产，是普通人的做法。谦让财产，是贤人的做法。天下没有比她更慈爱的继母了，我很敬佩陈氏的行为啊！"

---

① 窭：音 jù，贫穷，贫寒。

7. 王吴慈爱

宋临江军判官王益继妻吴氏，抚州金溪人。好学强记，而恂恂自下^①，于事未尝有所专。益生七子，伯与仲，元配徐出也，爱之甚于己子。二子卒，遇其嫠妇^②异诸妇。处内外亲戚甚恩，有才讪^③，置之，未或藏怒也。自奉养，未尝择衣食。人以穷困来归者，衣食周之。嫁三从姑女如己女，待前子之母族如己族，乡党称焉。（选自《德育课本》）

【译文】

宋朝临江军判官王益的后妻吴氏，是抚州金溪地方人。她喜欢读书，并且记忆力很好，待人非常谦虚和诚信，从不专断。王益一共有七个儿子，老大和老二是前妻徐氏所生的，吴氏对待他们比亲生的还要疼爱。后来前妻的两个儿子死了，她更是加倍地厚待他们的妻子。吴氏对待内外的亲戚也很恩惠，听到人家谤毁她的时候，也不和人家计较或者怀恨在心。平日的一切用度自给自足，衣食都很简单，从来都不挑三拣四。有穷苦的人来到她家里乞讨，她都会很慷慨地周济他们。后来她为三个堂兄弟的侄女准备嫁妆，跟嫁自己的女儿一样。对待前妻的娘家，也像对自己的家里人一样。那个地方的人们对她都称赞不已。

8. 章嫂让儿

宋昌化章氏，兄弟二人，皆未有子。兄先抱族人子育之，未几，其妻生子诩^④。弟曰："兄既有子，安用所抱之儿为？幸以与我。"兄告其

---

① 恂恂自下：恂，音 xún，谦虚有礼，不以地位之高而自居。

② 嫠妇：嫠，音 lí。寡妇。

③ 讪：诽毁。

④ 诩：音 xǔ。

妻，妻犹在蓐^①，曰：“无子而抱之，有子而弃之，人谓我何？”弟固请，嫂曰：“无已，宁与吾所生者。”弟不敢当，嫂竟与之。后二子皆成立，长曰栩^②，季曰诩。栩之樵^③櫾^④，诩之子铸鉴，皆相继登第，遂为名族。

吕坤曰：“世俗兄弟可笑也，借马而饥渴在怀，借衣而揉浣^⑤是嘱。况乏嗣^⑥始得之儿，分以与弟，无德色^⑦，无吝心，顾不难哉？要之嫂氏之贤，不可及矣。割肉相与，虽舅姑难强之从，况意不出于夫子耶？天昌其后，殆和气所召与。”（选自《闺范》）

【译文】

宋朝昌化地方，有一户人家姓章，兄弟俩都没有子女。后来，兄长领养了一个族人的儿子，没过多久，他的妻子生下了一个儿子，名叫诩，弟弟对哥哥说：“兄长既然有了亲生儿子，何必再要那个抱来的儿子呢？所以，能否将抱来的儿子送我？”兄长将此事告诉了妻子，这时他的妻子还在坐月子，妻子说：“我们没有孩子的时候领养了别人的孩子，我们有了自己的儿子就舍弃那个抱来的儿子，别人会怎么评论？”弟弟一再请求，嫂嫂便说：“实在没有什么办法了，就把我的亲生儿子给你吧。”弟弟不敢接受，但嫂嫂还是坚持给了他。后来，这两个儿子都长大成人，老大名叫栩，老二名叫诩。老大有两个儿子，一个名樵，一个名櫾，老二也生了两个儿子，一个名铸，一个名鉴，后来，四兄弟先后都中了进士。于是章家在乡里成了很有名望的人家。

吕坤说：“世俗的兄弟真是令人可笑。借马给对方就告诫要喂饱饮

---

① 蓐：音 rù，草垫子，草席。此处指尚在“月子”期间。

② 栩：音 xǔ。

③ 樵：音 qiáo。

④ 櫾：音 yǒu。

⑤ 浣：音 wò，弄脏。

⑥ 嗣：继承，接续。

⑦ 德色：自以为对别人有恩德而流露出来的神色。

足，生怕虐待了自己的马。借衣给对方就嘱咐不要弄脏弄皱，生怕穿坏了。何况好不容易得来的儿子，竟给了弟弟，而没有一点得意的神色，一点吝啬的心理，怎能不难呢？章嫂的贤德，真是难以达到呀！割肉相与，即使公婆强迫，一般人也有不顺从的，何况丈夫也没有这个意思，老天有眼，让他们后代昌盛，这便是和睦之气招来的福报！"

第八章

慈乳母

保母是指古代宫廷中管抚养子女的女妾，亦作保姆，又或称阿保、内傅。后泛称为人抚育子女的妇女。乳母，又称乳娘、奶娘、奶妈等，是雇用来以母乳喂哺婴儿的妇女。

明朝文学家、思想家吕坤说："乳母所保护的是别人的子女，她们仅仅是受人之托，尽的却是亲生母亲的恩情，在危难来临的时候，或身与之俱死，或以自己的儿子代死，为别人保护子女，从道义上讲，应当如此。唉！以一般妇女的庸愚、乳母地位的卑贱，受人之托，尚不忍心辜负！而国家对地方官委以重任，为的是让他们保护好黎民百姓，就好像乳母受人之托那样，而郡县、城市里的士大夫、父老官吏们，既然名为父母官，试读此传也应该感到惭愧了吧！唉唉，如果不是这样，你把他也没有办法。"

人之所以区别于禽兽，是人知道义，知礼仪，能够力行道义、礼仪，这是禽兽所不能的，如果能知却不力行，孟子说比禽兽还要低贱了。人的意义，不是说你占据了多么高的官位，多少趋炎附势之徒在你面前谄笑献媚；不是你拥有了多少财富，多少势利之徒在你面前阿谀奉承；不是你拥有了多少学识，在他人面前炫耀；更不是拥有什么花容月貌，多少登徒浪子守候，而是尽心践行孝、悌、忠、信、礼、义、廉、耻之八德，如果缺失其一，或全缺失，已经不是我们说的"天地人"三才的人了。这些保姆，她们出身低微，为奴为婢，可她们做的事情可是高贵的，名垂青史的，她们张扬了人间的"浩然正气"，用自己的生命演绎了人性中良善、圣洁、光辉的一面，是我们母亲中的脊梁。

附二六：慈乳母四人

1. 齐女傅母

傅母^①者，齐女之傅母也。女为卫庄公夫人，号曰庄姜。姜^②交好，始往，操行衰惰，有冶容^③之行，淫泆之心。傅母见其妇道不正，谕^④之云："子之家，世世尊荣，当为民法则。子之质，聪达于事，当为人表式^⑤。仪貌壮丽，不可不自修整。衣锦褧^⑥裳，饰在舆马，是不贵德也。"乃作诗曰："硕人其颀，衣锦褧衣，齐侯之子，卫侯之妻，东宫之妹，邢侯之姨，谭公维私。"砥砺^⑦女之心以高节，以为人君之子弟，为国君之夫人，尤不可有邪僻之行焉。女遂感而自修。君子善傅母之防未然也。

颂曰：齐女傅母，防女未然。称列先祖，莫不尊荣。作诗明指，使无辱先。庄姜姆妹，卒能修身。（选自《列女传·母仪传》）

【译文】

春秋时期，傅母，是齐国国君女儿的傅母。这个女子是卫庄公的夫人，号称庄姜。庄姜面容姣好，她刚刚到卫国的时候，不注意操行，装扮妖艳，放荡纵欲。傅母见她没能遵守妇道，就告诉她道："您的家族世世代代都尊贵荣耀，应当成为百姓的楷模。您天资聪颖，通达事理，应该成为人民的表率。您仪态端庄，容貌美丽，不可不注意修整。您穿着锦衣，套着罩衫，车马装饰华丽，这是不注重德行的表现。"于是她作诗道："美人身材修长，身穿锦衣罩披风，她是齐国国君的女儿，是卫国国

---

① 傅母：负责辅导、保育贵族子女的老年妇人。

② 交好：姣好，美好。

③ 冶容：妖艳。

④ 谕：告诉。

⑤ 表式：表率。

⑥ 褧：音 jiōng，通"褧"，用麻布做的单罩衣。

⑦ 砥砺：勉励。

君的妻子，是齐国太子的妹妹，又是邢国国君的小姨，谭公还是她的妹夫。"以此勉励庄姜培养高尚的节操，劝诫她作为国君的女儿，君主的夫人，尤其不能有邪僻不正的行为。庄姜听后有所感触，从此修身养性。君子称赞傅母能够防患于未然。

颂说：齐国女子的傅母，对女子防患于未然。称道先祖，尊贵荣耀。作诗表明意图，让女子不要辱没祖先。庄姜终能注意修身，最终成为仪范。

2. 鲁孝义保

孝义保者，鲁孝公称之保母，臧氏之寡也。初，孝公父武公与其二子长子括、中子戏朝周宣王，宣王立戏为鲁太子。武公薨，戏立，是为懿公。孝公时号公子称，最少。义保与其子俱入宫，养公子称。括之子伯御与鲁人作乱，攻杀懿公而自立。求公子称于宫，将杀之。义保闻伯御将杀称，乃衣其子以称之衣，卧于称之处，伯御杀之。义保遂抱称以出，遇称舅鲁大夫于外。舅问："称死乎？"义保曰："不死，在此。"舅曰："何以得免？"义保曰："以吾子代之。"义保遂以逃。十一年，鲁大夫皆知称之在保，于是请周天子杀伯御立称，是为孝公。鲁人高之。《论语》曰："可以托六尺之孤。"其义保之谓也。

颂曰：伯御作乱，由鲁宫起。孝公乳保，臧氏之母。逃匿孝公，易以其子。保母若斯，亦诚足恃。（选自《列女传·节义传》）

【译文】

西周时期，孝义保，是鲁孝公称的保母，臧氏的寡妇。起初，孝公的父亲武公和他的两个儿子长子括、中子戏朝见周宣王，周宣王立戏为鲁国太子。武公去世后，戏即位为懿公。

孝公当时的公子称，年纪最小。义保带着她的儿子进宫，养育公子称。括的儿子伯御纠合鲁人作乱，攻杀懿公，自立为鲁君。他在宫中搜寻公子称，打算将他杀掉。义保听说伯御要杀公子称后，便让自己的儿子穿上称的衣服，让他躺在称睡的地方，伯御将他杀了。义保于是抱着称逃出宫。在路上遇见了称的舅舅，他是鲁国的大夫。称的舅舅问她："称死了没有？"义保说："没有死，在这里。"称的舅舅问："他是怎么得以幸免的？"义保说道："我用我的儿子代替了他。"义保便带着称逃亡。十一年后，鲁国大夫都知道称在义保那里，于是请求周天子杀掉伯御立称为君，他就是鲁孝公。鲁国人很敬重义保。《论语》中说道："可以把六尺高的孤儿托付给他。"说的就是义保这样的人。

颂说：伯御发动叛乱，从鲁国宫室下手。孝公的乳母，她是臧氏的寡妻。她带着孝公逃跑躲藏，用自己的儿子换回孝公性命。保母若像她这样，也的确能够依靠。

3. 魏节乳母

魏节乳母者，魏公子之乳母。秦攻魏，破之，杀魏王瑕，诛诸公子，而一公子不得，令魏国曰："得公子者，赐金千镒[1]。匿之者，罪至夷。"节乳母与公子俱逃，魏之故臣见乳母而识之曰："乳母无恙乎？"乳母曰："嗟乎！吾奈公子何？"故臣曰："今公子安在？吾闻秦令曰：'有能得公子者，赐金千镒。匿之者，罪至夷。'乳母倘言之，则可以得千金。知而不言，则昆弟无类[2]矣。"乳母曰："吁！吾不知公子之处。"故臣曰："我闻公子与乳母俱逃。"母曰："吾虽知之，亦终不可以言。"故臣曰："今魏国已破亡，族已灭。子匿之，尚谁为乎？"母吁而言曰："夫见利而反上者，逆也；畏死而弃义者，乱也。今持逆乱而以求利，吾不为也。且夫凡为人养子者务生之，非为杀之也。岂可利赏畏诛之故，废正义而行逆节哉？妾不能生而令公子擒也。"遂抱公子逃于深泽之中。故臣以告秦军，秦军追，见，争射之，乳母以身为公子蔽，矢著

---

① 镒：二十两。

② 昆弟：兄弟。无类：没有遗类，指全部都被杀死。类，族类。

身者数十，与公子俱死。秦王闻之，贵其守忠死义，乃以卿礼葬之，祠以太牢①，宠其兄为五大夫②，赐金百镒。君子谓节乳母慈惠敦厚，重义轻财。礼，为孺子室于宫，择诸母及阿者③，必求其宽仁慈惠，温良恭敬，慎而寡言者，使为子师，次为慈母，次为保母，皆居子室，以养全之。他人无事不得往。夫慈故能爱，乳狗搏虎，伏鸡搏狸，恩出于中心也。《诗》云："行有死人，尚或墐④之。"此之谓也。

颂曰：秦既灭魏，购其子孙。公子乳母，与俱遁逃。守节执事，不为利违。遂死不顾，名号显遗。（选自《列女传·节义传》）

【译文】

春秋战国时期，魏节乳母，是魏国公子的乳母。秦国攻伐魏国，魏国破灭，秦军杀了魏王瑕和几个公子，只有一个公子没有抓到，秦军下令道："凡是捉到魏国公子的人，赏赐千镒黄金。藏匿他的人要灭族！"节乳母带着公子一起逃亡，魏国原来的一位大臣看到了乳母，认出了她，说道："乳母你还好吗？"乳母说道："唉！公子怎么办呢？"那位大臣说："现在公子在哪里？我听说秦国下令说：'捉到魏国公子的人，赏赐千镒黄金。藏匿他的人要灭族！'乳母要是说出来，就能得到千金，要是你知道公子的下落又不说，那么你的兄弟都要被杀死。"乳母说道："唉！我不知道公子在哪里。"故臣说道："我听说公子跟乳母一起逃跑的。"乳母说道："我即使知道他在哪里，也永远都不会说的。"故臣说："现在魏国已经灭亡，王族已经被消灭。你还藏着他，是为了谁呢？"乳母长叹一声说道："见到利益而反叛，就是逆贼；害怕死而丢弃道义，就是悖乱。现在要我带着逆乱之名去追求私利，我办不到。况且给人家养

---

① 太牢：祭时牛羊豕三牲具备为太牢；用一头牛做牺牲（祭品）或用在饮食中，称为太牢。

② 五大夫：官名，战国时楚魏有五大夫。

③ 诸母：庶母。阿者：照看孩子的人。

④ 墐：音 jìn，通"殣"，掩埋。

育孩子，一定要让他活着，不是让他被杀害。怎么能因利益赏赐和害怕诛杀的缘故，废弃正义，背叛节操呢？我不能自己苟且偷生而让公子被擒拿。"于是她抱着公子逃到一片沼泽中。故臣将这一情况告诉了秦军，秦军去追，见到乳母和公子后纷纷射箭，乳母用自己的身体遮挡公子，中了几十支箭，与公子一起死了。秦王听说了这件事，敬重乳母坚守忠信、为义而死的举动，于是以公卿的礼制来厚葬她，用太牢之礼祭祀她，还宠信她的哥哥，封他为五大夫，赏赐给他百镒黄金。君子称赞节乳母慈爱敦厚，重义轻财。按礼的规定，为孩子在官中修建房屋，给他们挑选庶母和保母，一定要选宽厚仁爱、温和良善、谨慎少言的人，让她们做孩子的老师，其次是慈母，再次是保母，她们都住在孩子的房子里，来抚养和保全孩子。其他人没有事情不能进入孩子的房间。慈祥才有仁爱，正在哺乳期的狗敢同老虎搏斗，正在孵蛋的母鸡敢跟狐狸搏斗，都是恩情发自于内心的表现。《诗经》中说："路上有死人，还有人将他埋。"说的就是这个意思。

颂说：秦军灭了魏国，悬赏捉拿魏王的子孙。公子的乳母带着他一起逃跑。乳母行事坚守节操，不为利益所动。面对死亡义无反顾，她的美名流传开来。

4. 独孤乳母

唐时，有独孤武都，谋叛王世充归国，事觉诛死。武都子师仁，年始三岁，世充以其年幼不杀，使禁掌①之。乳母王氏，号兰英，请髡钳②，求入保养，世充许之。兰英抚育提携，备尽筋力。时丧乱年饥，人多饿死，兰英扶路乞丐捃拾③。遇有所得，便归与师仁；兰英唯啖土饮水

---

① 禁掌：关押，监禁。
② 髡钳：古代刑罚。谓剃去头发，用铁圈束颈。髡，音 kūn。
③ 捃拾：音 jùn shí，拾取；收集。

而已。后诈采拾^①，乃窃师仁归于京师。高祖嘉其义，下诏曰："师仁乳母王氏，慈惠有闻，抚鞠无倦，提携遗幼，背逆归朝。宜有褒隆，以锡其号。可封永寿郡君"。（选自《旧唐书·列女传》）

【译文】

唐朝时，有个人名叫独孤武都，密谋背叛王世充归唐，事情泄露后被处死。独孤武都的儿子独孤师仁，那时候才只有三岁，王世充以其年幼，因此就免了一死，但是被监禁起来不得自由。乳母王兰英，请求自己入刑，去抚养独孤师仁，王世充同意了。王兰英为抚养孩子，历尽千辛万苦。当时兵荒马乱，又有饥荒，很多人饿死。王兰英在路上和乞丐一起捡东西，捡到什么吃的都给独孤师仁吃，她自己就吃点土喝点水。后来，她谎称要去采东西，偷偷带着独孤师仁去了长安。唐高祖嘉奖她的忠义，下诏称："独孤师仁的乳母王氏，慈爱仁厚，尽心抚育不懈怠，携带遗孤，背离逆乱，投奔长安。应予嘉奖，可封她为永寿郡君。"

---

① 采拾：指采摘拾取。

参考文献

[1]《二十四史》，中华书局，2013年。

[2]（汉）刘向著，绿净译注：《古列女传译注》，上海三联书店，2014年。

[3]（明）吕坤：《闺范》，九州出版社，2013年。

[4] 蔡振绅：《德育课本》，中国华侨出版社，2012年。

[5] 王相编：《女四书·女孝经》，中国华侨出版社，2011年。

[6]（明）袁了凡撰，尚荣、徐敏评注：《了凡四训》，中华书局，2008年。

[7] 郑洪峰译注：《中华家训大全》，吉林出版集团有限责任公司，2011年。

[8] 李炳南：《论语讲要》，长江文艺出版社，2011年。

[9] 杨朝明、宋立林主编：《孔子家语通解》，齐鲁书社，2013年。

[10] 杨伯峻译注：《孟子译注中国古典名著译注丛书》，中华书局，2010年。

[11] 方勇、李波译注：《荀子》，中华书局，2015年。

[12]（西汉）刘安等著，许匡一译注：《淮南子全译》，贵州人民出版社，1993年。

[13]（清）阮元校刻：《十三经注疏》，中华书局，2009年。

[14] 北京大方广华严书局编注：《新编全本印光法师文钞》，中州古籍出版社，2010年。

[15]（民国）陈镜伊编著：《道德丛书》，团结出版社，2015年。

[16]（唐）魏征、虞世南、褚遂良等撰，吕效祖、赵保元、张耀武主编《群书治要考译》，团结出版社，2011年。

[17] 常亚君编著：《袁了凡的母亲》，宗教文化出版社，2015年。

[18]（清）史洁珵（玉涵）辑，马来西亚中华文化教育中心校订：《德育古鉴》，水利水电出版社，2011年。

[19][日]池田大作、[英]阿汤因比：《展望二十一世纪——汤因比与池田大作对话录》，荀春生、朱继征、陈国梁译，国际文化出版公司，1985年。

[20]（清）郑珍著，王瑛等点校：《郑珍集·文集》，贵州人民出版社，1994年。

后 记

"贤母使子贤也"，中国历代圣贤辈出，但任何一位圣贤绝非凭空出世，后面都有祖先们的累积功德、母亲的正确教诲。翻阅史事典籍，圣贤传记，此等史实比比皆是。《中华母教》一书从古代典籍中摘录出部分母亲教育子女史料，依据古代母亲教育子女的思路加以归类。古代记录贤母案例的书籍很多，本着尊重历史的态度，尽量选取史料中的原文，或者撰写完整优美的内容，只是加以整理。由于本人德性低劣，学识浅薄，定有失误之处，非常希望得到十方高贤的指教、俊杰才子们的批评，能在今后更加完善此书。

结书之际，衷心感谢为本书操劳而无私奉献的诸位良师、善友。太原师范学院张育英教授对此书的内容和出版提出了诸多宝贵的修改意见和建议，北京和圣书院院长柳伟提供了极大的帮助，在此表示真诚的感恩。

为此书提供帮助的还有马存民、王磊、蔡会芳、高玉峰、张潇、徐嘉杞、李新英、魏荣丹、张世新、胡忠伟、麻丽君、陈梅等，在此表示衷心的感谢！

母亲的教育，关系着子女的素质，家庭的和谐，也影响着社会的发展，衷心希望有缘读到此书的读者，开卷有益，树立正见，重视对子女的德行教育，为家庭、为社会培养出优秀人才。

常亚君

完于长子县胡家贝唐槐书院

丙申年三月